MÉTHODE

DE

PLAIN-CHANT,

Principalement destinée au Diocèse de Beauvais,

et utile à tous les Diocèses;

DÉDIÉE

A MONSEIGNEUR L'ÉVÊQUE DE BEAUVAIS,

PAR

M. L'ABBÉ DEVERGIE,

PRÊTRE DU DIOCÈSE DE BEAUVAIS.

Psallite Deo; psallite sapienter.

A BEAUVAIS,

CHEZ BOQUILLON-PORQUIER, LIBRAIRE,

PLACE SAINT-BARTHELEMY.

ET CHEZ LES AUTRES LIBRAIRES DU DÉPARTEMENT.

1840.

Tous les Exemplaires non revêtus de la signature de l'Editeur, seront réputés contrefaits.

Beauvais, Imp. d'Ach. DESJARDINS.

PIERRE-MARIE COTTRET,

Evêque de Beauvais.

MONSEIGNEUR,

En daignant accepter la dédicace d'une Méthode de Plain-Chant à l'usage de votre Diocèse, Votre Grandeur a donné par là à son troupeau une nouvelle preuve du zèle dont elle est animée pour tout ce qui regarde la beauté et la gloire de la Religion. Ce sera aussi pour votre Clergé, Monseigneur, une recommandation de plus pour s'exercer à l'étude du Chant ecclésiastique ; il saura comprendre vos intentions et vos désirs. Pour moi, je suis heureux de voir ce fruit de mes peines honoré d'un si noble et si auguste suffrage.

Daignez aussi, Monseigneur, agréer l'hommage de la parfaite reconnaissance et du profond respect avec lequel j'ai l'honneur d'être,

De Votre Grandeur,

Le très-humble et très-obéissant serviteur,

DEVERGIE.

PRÉLIMINAIRES.

En publiant cette Méthode de Plain-Chant, principalement destinée au Diocèse de Beauvais, nous avons voulu satisfaire un besoin généralement senti. Il manquait dans notre Diocèse, une Méthode élémentaire, simple, claire et facile, qui dirigeât le Maître dans l'enseignement du Chant et l'Elève dans ses Exercices.

Nous avons tâché d'atteindre ce but. Nous nous sommes appliqués spécialement à la clarté, et nous n'avons pas craint d'en venir aux plus petits détails, afin de nous faire comprendre plus aisément.

Nous avons réuni dans cet Ouvrage tout ce que l'on peut désirer dans une Méthode de Chant. Ainsi l'on y trouvera une Méthode de Serpent, des Principes de Musique, des Règles très-étendues sur la Psalmodie, avec des exemples; des Notions sur le Plain-Chant figuré, sur le Contre-Point, les Faux-Bourdons, etc.; des Exercices très-variés, et enfin des Messes en Plain-Chant, qui feront de cet Ouvrage un Manuel du Chantre.

Puisse cet Ouvrage contribuer à la gloire de Dieu, à la décence et à la majesté du culte! C'est le but que nous avons principalement en vue.

Nous divisons ainsi notre Méthode :

Chap. 1er. — Des Signes essentiels du Plain-Chant.

Chap. 2e. — Des Signes accidentels.

Chap. 3e. — Des Degrés et des Intervalles.

Chap. 4e. — Des Modes du Plain-Chant.

Suit un Appendice sur la manière pratique d'apprendre le Plain-Chant.

Chap. 5e. — De la Psalmodie.

Puis viennent les Notions sur la Musique, sur le Plain-Chant figuré, la Méthode de Serpent, les Exercices et les Messes.

MÉTHODE
DE
PLAIN-CHANT.

CHAPITRE 1er.

DES SIGNES ESSENTIELS DU PLAIN-CHANT.

Afin que l'on puisse mieux fixer ses idées et comprendre plus facilement les principes que nous allons exposer, nous mettons d'abord sous les yeux la série ascendante et descendante des notes du plain-chant, écrites sur une *portée* ou *échelle* de quatre lignes avec une clef au commencement, comme cela se fait ordinairement :

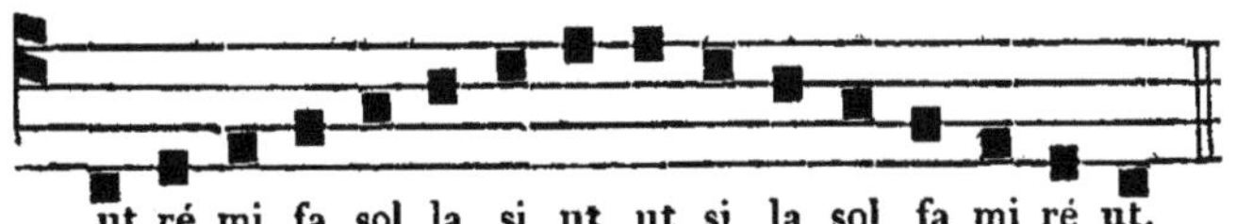

On remarque dans cet exemple,
1.° Un premier signe à gauche, c'est la *clef;*
2.° Des *lignes* au nombre de quatre;
3.° Des points noirs, que l'on appelle *notes*, dont le nom est en-dessous.

Nous allons indiquer ce qu'il y a d'important à savoir sur chacun de ces principaux signes du plain-chant.

ARTICLE PREMIER.

Des clefs.

La clef, dans le plain-chant, sert à indiquer le nom des notes qui sont placées dans l'étendue de la portée.

La clef de la gamme que nous venons de mettre sous les

yeux, est placée sur la quatrième ligne, puisque son milieu correspond à cette ligne. La note qui est placée sur cette ligne doit s'appeler *ut*, et la clef s'appelle pour cela clef d'*ut*.

Toute clef faite de la même manière que celle-ci, quand bien même elle occuperait une autre place, indiquera toujours *ut* sur la ligne qui correspondra à son milieu ; elle sera par conséquent une clef d'*ut*.

Mais si elle avait un petit signe derrière, par exemple, si elle était faite ainsi : elle indiquerait alors la note *fa* au lieu de la note *ut;* et en quel qu'endroit qu'elle fût placée, la note *fa* sera toujours sur la ligne qui correspondra à son milieu.

Exemples :

Il n'y a maintenant que deux sortes de clefs usitées dans le plain-chant, la clef d'*ut* et la clef de *fa*, dont nous venons de donner les exemples. La clef d'*ut* peut avoir, comme on le voit, quatre positions : les deux dernières sont moins usitées. La clef de *fa* n'a que deux positions ; la seconde est rarement usitée.

Autrefois on avait de plus une clef de *sol* figurée par un C que l'on plaçait au commencement de la portée, vis-à-vis de la ligne ou de l'interligne où l'on voulait placer la note *sol;* mais aujourd'hui elle n'est plus en usage, et d'ailleurs les clefs d'*ut* et de *fa*, avec leurs différentes positions, suffisent pour noter toutes sortes de chants.

Nous verrons plus bas pourquoi il y a plusieurs clefs différentes dans le plain-chant.

ART. 2.

Des lignes.

Les *lignes* servent à placer et à échelonner les notes, de manière à indiquer à l'œil l'intervalle que la voix doit faire en chantant.

Elles sont au nombre de quatre dans le plain-chant ; leur réunion forme ce qu'on appelle une *portée* ou l'*échelle* du plain-chant. On ajoute en outre, quelquefois au-dessus ou au-dessous de la portée, des lignes *postiches* pour les notes qui passent son étendue.

Les notes se placent sur les lignes et dans les espaces qui les séparent selon leurs degrés.

Les lignes se comptent en commençant par la plus basse. Cette plus basse est la première, la plus haute est la quatrième.

ARTICLE 3e.

Des notes et de la gamme.

Les notes sont au nombre de sept, comme on l'a vu ; ce sont : *ut*, *ré*, *mi*, *fa*, *sol*, *la*, *si*; le second *ut* n'y est point compris, parce qu'il n'est que la répétition du premier. Cette série de sept notes forme la *gamme*. Ces notes indiquent les sons que la voix doit former, selon leurs divers intervalles, du grave à l'aigu. La note d'en bas indique le son le plus grave ; la note suivante un son plus haut, et ainsi de suite ; en sorte, qu'en arrivant en haut à la même note qui s'est trouvée en bas en commençant, on donne le même son, mais une octave plus haut. Quand on est arrivé là, on descend ensuite l'échelle en parcourant successivement les mêmes degrés qu'en montant et en faisant les mêmes intervalles.

Il faut remarquer qu'en chantant la série des sept notes, *ut*, *ré*, *mi*, *fa*, *sol*, *la*, *si*, la voix ne doit pas mettre la même distance entre toutes les notes. Cette distance entre chacune d'elles doit être tantôt plus grande, tantôt plus petite ; la plus grande distance qui existe entre chaque note s'appelle *ton;* la plus petite s'appelle semi-ton ou *demi-ton*. Le ton offre à l'oreille quelque chose de complet qui la satisfait ; le semi-ton au contraire paraît incomplet ; il ne satisfait pas autant l'oreille.

De *ut* à *ré*, de *ré* à *mi*, il y a un ton ;

De *mi* à *fa*, il y a un demi-ton ;

De *fa* à *sol*, de *sol* à *la*, de *la* à *si*, il y a un ton ;

Et de *si* à *ut*, il y a un demi-ton.

Il y a donc cinq tons et deux demi-tons dans une gamme ; ainsi une gamme n'est qu'une progression de cinq tons et deux demi-tons placés d'une manière convenable.

Dans la gamme donnée en exemple au commencement, on

peut remarquer que les deux premiers intervalles sont des tons; le troisième est un demi-ton; le quatrième, le cinquième et le sixième sont des tons; et enfin le dernier qui est formé avec la répétition de l'*ut* octave, est un demi-ton.

Cet ordre de tons et de demi-tons ainsi espacés, satisfait assez l'oreille; cependant il est quelquefois dérangé, et c'est ce dérangement qui donne naissance à la gamme *majeure* et à la gamme *mineure*.

La gamme est *majeure* quand elle commence par deux tons pleins; et elle est *mineure* quand elle commence par un ton et un demi-ton. Ainsi ce sont les deux premiers intervalles ou la tierce d'une gamme qui font juger si elle est majeure ou mineure; ainsi encore, la gamme qui a pour tonique *ut* (la tonique est la première note d'une gamme) est majeure, parce que la tierce est majeure; en effet d'*ut* à *mi* il y a deux tons. Et la gamme qui a pour tonique *la* ou *mi* est mineure, parce que la tierce est mineure : de *la* à *ut* et de *mi* à *sol* il y a un ton et un demi-ton : dans la première (de *la* à *ut*), le demi-ton est placé après le ton, elle s'appelle *gamme mineure directe;* dans l'autre (de *mi* à *sol*), le demi-ton est placé en premier lieu, elle s'appelle pour cela *gamme mineure inverse*.

On peut, comme nous le ferons voir plus bas, dresser des gammes sur chaque note de la nomenclature du plain-chant; elles seront ou majeures ou mineures; celles-ci seront ou directes ou inverses.

Il est bon d'observer ici que ces expressions que l'on emploie souvent, mode *majeur*, mode *mineur*, ton *majeur* et ton *mineur*, ont la même signification que celles-ci, *gamme majeure* et *gamme mineure*.

Il n'est pas inutile non plus d'observer que le mot *ton* ne se prend pas toujours dans le même sens que nous lui avons donné plus haut; car 1° il se prend quelquefois pour un intervalle qui caractérise le genre de la gamme; par exemple, quand on dit, *ton majeur* et *ton mineur;* 2° il se prend aussi pour le degré d'élévation que prennent les voix ou les instrumens pour exécuter des morceaux de chant; par exemple, quand on dit que le ton est trop haut ou trop bas, vous n'êtes pas au ton du chœur, etc.; 3° il se prend aussi souvent dans le sens et au lieu du mot *mode;* ainsi on dit : ce morceau de chant est du 1er ton, du 2e ton, au lieu de dire : du 1er mode, du 2e mode.

Mais ces locutions, autorisées par l'usage, ne sont pas régulières et exactes. Correctement parlant, le mot *ton* exprime la distance qu'il y a d'un son a un autre; et le son lui-même n'est qu'un bruit quelconque, produit par un corps sonore et appréciable à l'oreille; un son *grave* est celui qui est bas, et un son *aigu* est celui qui est haut. On a tâché, dans le cours de cette Méthode, de ne point confondre ces différentes expressions.

CHAPITRE 2.

DES SIGNES ACCIDENTELS DU PLAIN-CHANT.

Ces signes sont le bémol, le béquarre et le dièse.

ARTICLE PREMIER.

Du bémol.

Figures du bémol :

Le bémol est un signe, qui indique qu'il faut baisser d'un demi-ton le son véritable de la note qu'il affecte. Ainsi, si le bémol se trouve devant la note *si*, qui est à un ton de distance de *la* et à un demi-ton d'*ut*, l'effet du bémol sera de baisser le si d'un *demi-ton*, et, par conséquent, il n'y aura plus de *la* à *si* qu'un demi-ton, et, au contraire, il y aura un ton de *si* à *ut*. Il en sera de même si le bémol se trouve devant une autre note.

Le bémol se place toujours sur la ligne ou sur l'interligne de la note qu'il doit affecter. S'il doit être observé dans tout le cours du morceau de chant, on le place seulement au commencement de chaque portée après la clef, et s'il ne se rencontre qu'accidentellement dans le cours du morceau, on le place immédiatement devant la note qu'il doit affecter, ou le plus près possible, et il ne doit avoir son effet que sur cette note, à moins qu'elle ne soit répétée plusieurs fois dans la même modulation et qu'il n'y ait point de signe contraire qui détruise l'effet du bémol.

Les commençans éprouvent quelquefois un peu de difficulté pour bien exécuter le bémol ; voici un moyen facile qu'ils pourront prendre :

Si la note bémolisée est au-dessous de celle qui précède, comme dans cet exemple : (ut si la) on la fera plus facilement en descendant d'abord sur le *la*, pour monter ensuite sur le *si* bémol ; par exemple, en faisant ainsi : (ut si la)

Mais il ne faut pas prononcer le premier *la ;* le son préparatoire se fait sur la syllabe même *si.* Au reste, ceci n'est applicable que pour les commençans qui ont besoin de ces sortes d'industries pour se former au chant ; mais on doit tâcher ensuite de faire le bémol sans leur secours et comme naturellement.

Le bémol se place le plus souvent sur la ligne du *si* ou devant le *si ;* cependant il affecte quelquefois aussi le *mi.*

ART. 2e.

Du béquarre.

Figures du béquarre : 

Le béquarre est un signe, qui indique qu'il faut donner à la note qu'il affecte, le son naturel qu'elle doit avoir ; car le béquarre ne se place jamais qu'après le bémol ou le dièze, qui dénaturent le véritable son des notes.

Ainsi, nous avons dit que le bémol avait pour effet de faire baisser la note d'un demi-ton ; par conséquent, le béquarre qui viendrait après la ferait hausser d'un demi-ton pour la remettre dans sa position naturelle. De même après un dièse, qui, comme nous allons le voir, fait hausser la note d'un demi-ton, le béquarre fait baisser cette note diésée d'un demi-ton.

Dans le cours d'un morceau de chant, si le bémol est à la clef, le béquarre n'est qu'accidentel, c'est-à-dire qu'il ne doit s'observer que devant la note qu'il affecte ; si au contraire le bémol n'est qu'accidentel, le béquarre qui le suit doit avoir son effet jusqu'à un autre bémol.

Pour s'habituer à exécuter facilement le béquarre, les commençans pourront prendre un moyen analogue à celui que nous avons proposé pour l'exécution du bémol. Il consiste à monter d'abord à la note supérieure à celle qui est affectée du béquarre, pour descendre ensuite à celle-ci, de cette manière :

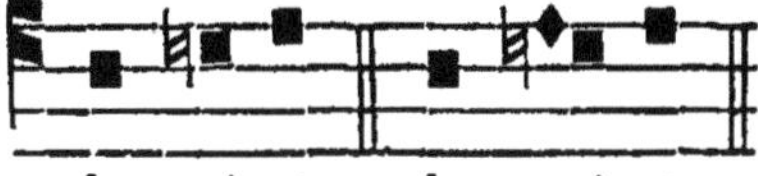

parce que le béquarre est plus facile à faire en descendant qu'en montant.

ARTICLE 3e.

Du dièse.

Figures du dièse :

Le dièse est un signe, qui a pour effet d'élever d'un demi-ton le son de la note qu'il affecte.

Ainsi, il a un effet tout contraire à celui du bémol qui fait baisser le son de la note d'un demi-ton.

Le dièse s'emploie plus souvent dans les hymnes, les proses, ou autres morceaux de chant d'une allure plus libre, que dans toute autre pièce, et il faut quelquefois le faire sentir sans qu'il soit marqué ; c'est au goût à juger quand son absence rendrait la modulation trop dure. Au reste, il n'affecte jamais que les notes *sol*, *fa* et *ut*, et le plus souvent à la terminaison d'une pièce.

Pour s'exercer à bien faire le dièse, on pourra prendre le même moyen que pour le béquarre.

De quelques autres signes usités dans le plain-chant.

Il y a encore d'autres signes moins importans et admis moins généralement, qu'il faut connaître ; c'est 1° la barre, dont voici la figure :

Il y a trois sortes de barres : la petite, la grande et la double.

La petite barre sert à séparer les mots entr'eux ([a]).

La grande barre sert à séparer les vers dans les hymnes et les proses, et quelquefois les différentes mesures d'un chant mesuré ([b]).

La double barre sépare les strophes des hymnes et des proses, divise les différentes parties d'un morceau de chant, par exemple, un répons d'avec son verset, etc. ([c])

2° Le guidon est un signe qui se met à la fin de chaque portée et qui indique la note qui commence la portée suivante.

3° Le point se met à la fin d'une modulation pour indiquer que les voix doivent y faire une pause, pour la séparer de la suivante. Si le chant est mesuré, comme dans les proses et certaines hymnes, alors le point donne à la note qui le précède la moitié de sa valeur, comme nous le verrons quand nous traiterons du chant mesuré.

CHAPITRE 3.

DES DEGRÉS ET DES INTERVALLES.

On appelle *degré*, dans le plain-chant, la différence de position qui se trouve entre deux notes placées dans une même portée. Ainsi, sur la même ligne et dans le même espace, les notes sont au même degré, et elles y seraient encore, quand bien même l'une des deux serait élevée ou baissée d'un demi-ton par un dièse ou un bémol. On appelle *degrés conjoints* ceux qui sont joints ensemble, et *degrés disjoints* ceux qui sont composés de plusieurs degrés conjoints. Ainsi, le degré d'*ut* à *ré* est un degré conjoint, et celui d'*ut* à *mi* est un degré disjoint, parce qu'il est composé de deux degrés conjoints. Dans le langage ordinaire on confond souvent les degrés avec les intervalles.

Un intervalle est la différence d'un son à un autre quel qu'il soit. Ainsi, il y a cette différence, entre un degré et un intervalle, que le premier n'exprime qu'une différence de position et le second une différence de son : l'un frappe les yeux, l'autre les oreilles.

Pour avoir le nom d'un intervalle quelconque, il faut ajouter l'unité au nombre des degrés qu'il contient. Ainsi, l'intervalle d'un degré donnera la seconde ; de deux, la tierce ; de trois, la quarte ; de quatre, la quinte ; de cinq, la sixte ; de six, la septième ; de sept, l'octave.

Par où l'on voit que les intervalles sont au nombre de sept dans la gamme, savoir : la seconde, la tierce, la quarte, la quinte, la sixte, la septième et l'octave.

Exemple.

seconde. tierce. quarte. quinte. sixte. septième. octave.

On trouverait encore un plus grand nombre d'intervalles si l'on voulait sortir de la gamme, tels que la *neuvième*, la *dixième*, etc., mais on ne les voit jamais dans le plain-chant ; la septième même s'y rencontre fort rarement.

Un intervalle est tantôt majeur, tantôt mineur. Nous avons donné plus haut l'explication de ces termes.

On peut déjà voir ici que la principale difficulté du plain-chant consiste à bien faire les divers intervalles qui s'y trouvent. On doit donc dans les commencemens s'appliquer beaucoup à cet exercice.

Des intervalles naissent les accords. Il y a des accords *consonnans* et des accords *dissonans* : les premiers sont le résultat de deux ou plusieurs sons rendus à la fois et formant ensemble un accord harmonieux ; les seconds, au contraire, sont produits par deux sons dont l'effet est désagréable à l'oreille.

La tierce, la quinte et l'octave, réunies avec la tonique ou la note fondamentale, donnent l'accord le plus agréable et le plus parfait que l'on puisse entendre : on l'appelle pour cela *accord parfait*. Chacun des intervalles de l'accord parfait donne aussi un accord consonnant; ainsi la tierce majeure ou mineure, la quinte et l'octave, sont autant de consonnances ; c'est-à-dire que le son *ut* étant donné, donnez en même temps le son *mi*, ou le son *sol*, ou le son *ut* octave, vous produirez un accord faisant harmonie à l'oreille.

Les intervalles de quarte et de sixte ne sont point mis au nombre des consonnans ; cependant ils satisfont encore assez l'oreille. Tous les autres ne donnent que des accords dissonans. Nous ne nous étendrons point davantage sur la théorie des intervalles; nous sortirions des bornes naturelles de cet ouvrage. Et nous n'avons donné ces notions qu'afin de donner une idée des faux-bourdons et du contrepoint qui sont formés par divers accords combinés ensemble.

CHAPITRE 4.

DES MODES (1).

Tout morceau de chant est composé de certaines progressions de voix ou modulations, qui montent ou descendent sur l'échelle de la gamme; ces modulations se renferment toujours dans des bornes fixes, et elles sont assujetties à certaines règles que nous allons faire connaître.

Une gamme quelconque sert toujours de thême à tout morceau de chant; c'est-à-dire, que ses modulations s'effectuent toujours sur les notes principales de cette gamme, ne dépassant pas la note la plus grave, ni la note octave de cette gamme, au moins de plusieurs notes, et opérant sa terminaison sur la plus grave; et le chant prend le caractère majeur ou mi-

(1) Nous exposons ici le système le plus généralement admis sur la formation des huit modes. Du reste, nous renvoyons au précis historique qui se trouve à la fin de ce volume.

neur de la gamme sur laquelle il est construit; en sorte qu'en dernière analyse, l'accord parfait de cette gamme résume toutes les modulations. On a donné le nom de *mode* à cette manière de composer des modulations sur une gamme donnée.

Or, chaque note étant susceptible d'être établie base et finale d'une gamme particulière, comme nous l'avons déjà dit, on conçoit qu'on peut établir autant de modes qu'il y a de notes. Ainsi on pourrait moduler sur la gamme d'*ut*, de *ré*, de *mi*, etc.; mais il y aurait alors plusieurs modes qui se ressembleraient, et il s'en trouverait un qui serait trop dur pour l'oreille. Ainsi les gammes de *ré* et de *la*, étant les mêmes pour la position des tons et demi-tons, à l'exception de la sixte qui dans l'une est plus élevée que dans l'autre, différence qui peut se corriger par le bémol; les gammes de *fa* et d'*ut*, étant aussi semblables, à la même différence près; on peut donc supprimer deux de ces quatre gammes. Ensuite la gamme formée sur la note *si* étant dure, choquante et presqu'insupportable à l'oreille par le triton (trois tons de suite) qu'elle renferme, de *si* à *fa*, on doit la retrancher aussi du nombre des gammes sur lesquelles on puisse former des modulations.

Il ne reste donc plus que quatre gammes qui peuvent servir de thême et de base aux modulations. On a choisi de préférence les gammes de *ré*, de *mi*, de *fa* et de *sol*.

Mais comme il y avait deux manières différentes de placer les modulations, savoir, ou toutes au-dessus de la tonique, ou les unes au-dessus et les autres au-dessous; on établit deux modes sur chacune des quatre gammes ci-dessus énoncées : l'une dont toutes les modulations ont lieu au-dessus de la finale, et l'autre dont les modulations ont lieu partie au-dessus, partie au-dessous de la finale. Ce qui donne huit modes différens, autant que nous en avons aujourd'hui dans le plain-chant.

Les premiers modes, c'est-à-dire ceux qui ne modulaient qu'au-dessus de la finale, furent appelés *authentes* ou *supérieurs;* ils sont au nombre de quatre : c'est le premier, le troisième, le cinquième et le septième. Les seconds furent appelés *plagaux* ou *inférieurs;* ils sont aussi au nombre de quatre : le deuxième, le quatrième, le sixième, le huitième. Par où l'on voit que tous les modes authentes sont du nombre impair, et que les modes plagaux sont du nombre pair; aussi leur donne-t-on le nom de mode *impair* et de mode *pair;* et voilà d'où est venu cette espèce d'axiome :

Vult descendere par, sed scandere vult tonus impar.

Ce qui veut dire :

Le ton pair veut descendre et l'impair veut monter.

Des finales des modes. Quoique les modulations des modes impairs et des modes pairs soient diversement placées, il n'y a cependant que quatre finales pour tout morceau de chant, savoir : *ré*, *mi*, *fa*, *sol*. Chaque mode pair a la même finale que le mode impair qui l'a produit. Ainsi le second mode a la même finale que le premier ; le quatrième a la même que le troisième, etc.

Les modes impairs ont ordinairement toutes les modulations renfermées dans l'octave de la finale ; quelquefois pourtant elles s'élèvent à quelques notes au-dessus ou descendent au-dessous. Les modes impairs descendent jusqu'à la quarte au-dessous de la finale et montent jusqu'à la quinte au-dessus. Ainsi, le premier mode module de *ré* à *ré*, et le second de *la* à *la*. Ainsi des autres.

Des dominantes. Il y a dans chaque mode une note qui est plus remarquable, plus sensible et plus essentielle que toutes les autres, à l'exception de la finale ; cette note s'appelle la *dominante*. Si l'on psalmodie sur un mode, c'est sur cette note que roule le plus grand nombre de syllabes ; de même dans les versets des répons, et même aussi dans le cours de tout morceau de chant, c'est elle qui est le plus souvent répétée. La raison en est dans sa position même, parce qu'elle se trouve placée à-peu-près au médium de l'espace que parcourent les modulations. Ainsi, dans les modes impairs elle est plus élevée au-dessus de la finale que dans les modes pairs ; parce que dans les premiers toutes les modulations se font au-dessus de la finale, tandis que dans les seconds elles se font partie au-dessus, partie au-dessous.

Voici les dominantes de chaque mode :

Dans le premier mode, la dominante est la quinte au-dessus de la finale, c'est-à-dire.................. *la*.

Dans le second mode, c'est la tierce.............. *fa*.

Dans le troisième, c'est la sixte.................. *ut*.

Dans le quatrième, c'est la quarte.................. *la*.

Dans le cinquième, c'est la quinte.................. *ut.*
Dans le sixième, c'est la tierce.................... *la.*
Dans le septième, c'est la quinte................... *ré.*
Dans le huitième, c'est la quarte................... *ut.*

Voici en vers une formule abrégée pour retenir les finales et les dominantes :

Pri, re; la : sec. re; fa : ter, mi; ut : quart. quoque, mi; la.
Quint. fa ; ut : sext. fa; la : sept. sol; re : octaque. sol; ut.

Pri est pour primus (premier); sec. pour secundus (second); ter. pour tertius (troisième); etc.

La première note indiquée est la finale, et la seconde la dominante.

Des modes irréguliers. Des modes mixtes. Des modes de transposition.

Les modes *irréguliers* sont des modes qui se rattachent à chacun des huit modes dont nous venons de parler, et qui leur ressemblent en effet en grande partie, mais qui en diffèrent pourtant par la position d'un demi-ton.

Nous avons dit plus haut que les gammes de *ré* et de *la* étaient pareilles, si ce n'est que le second demi-ton était plus élevé dans l'une que dans l'autre; car dans la gamme de *ré*, le second demi-ton, de *si* à *ut*, est entre la sixte et la septième ; et dans la gamme de *la*, il est entre la quinte et la sixte, de *mi* à *fa*. Cette élévation favorise quelquefois les modulations ; quelquefois aussi elle les gêne et entrave les inspirations du compositeur; alors il se jette dans la gamme opposée ; de là les modes irréguliers. Il est vrai qu'à l'aide du bémol, on peut toujours baisser à volonté le demi-ton, mais ce signe est lui-même une irrégularité, et puis il est bien plus simple et bien plus commode pour le chant, de noter tout au naturel.

Ainsi le premier mode qui est en *ré* a un mode irrégulier qui est en *la*. Par la même raison le second mode a aussi un mode irrégulier en *la*.

Le troisième et le quatrième mode étant sur une gamme qui n'a point de pareille, n'ont point de mode irrégulier.

Le cinquième et le sixième qui sont en *fa* ont chacun un mode irrégulier en *ut*.

Le septième et le huitième n'en ont point.

Modes mixtes. Les modes *mixtes* sont ainsi appelés parce qu'ils sont un mélange et un assemblage des modulations d'un mode impair et du mode pair correspondant.

Ainsi, par exemple, si dans une pièce du premier mode il se rencontre des modulations qui descendent au-dessous de la finale *ré*, jusqu'au *la*, qu'est le terme grave du deuxième mode, le chant sera sur un mode mixte ; de même si on réunit le cinquième avec le sixième. On voit souvent des Graduels du 2e mode ou du 6e, dont le verset est du 1er ou du 5e; c'est un exemple de mode mixte. La prose *Lauda Sion*, le répons *Tenebræ*, etc., sont sur des modes mixtes.

Modes de transposition. Les modes de *transposition* sont des modes transposés à la quarte de la finale du mode régulier. Ainsi le premier mode peut se transposer à la quarte *sol*; et alors le bémol sur le *si* est nécessaire; son étendue sera de *sol* à *sol*.

Le deuxième peut se transposer à la quarte *sol* comme le premier, avec un bémol sur le *si*, et sa finale sera *sol*.

Le troisième peut se transposer à sa quarte *la* avec un bémol sur le *si*.

Le quatrième peut aussi se transposer à la quarte *la* comme le troisième, et alors sa finale est *la*.

Le cinquième ne pourrait pas se transposer, parce que sa quarte *si* forme une octave bâtarde à cause du triton.

Le sixième pourrait se transposer à sa quarte *si* en la bémolisant toujours.

Le septième pourrait être transposé aussi à sa quarte *ut*, en bémolisant toujours le *si*.

Le huitième enfin pourrait aussi être transposé à sa quarte *ut*, avec un bémol sur le *si*.

De toutes ces transpositions, on ne voit guère aujourd'hui, au moins dans nos livres, que celle du quatrième mode, en A ; et quelquefois celle du troisième aussi en A; autrefois on les rencontrait presque toutes partout.

Caractères des huit modes.

Chaque mode, en raison de son étendue et de sa qualité de majeur ou de mineur, présente un caractère particulier et fait une impression différente sur l'auditeur. Voici les caractères que l'on a cru pouvoir assigner à chacun d'eux.

Le premier mode en général présente une gravité mâle et pompeuse ; il convient aux grandes choses.

Le second mode est propre aux sujets lugubres, tristes et graves ; et sa gravité le rendant noble et majestueux, il convient aussi aux grands sujets, tels que la constance, la fermeté, l'admiration.

Le troisième mode est propre aux textes qui marquent beaucoup d'action, d'impétuosité, des désirs véhémens, des mouvemens de colère et de fureur.

Le quatrième mode est bas, humble, timide, langoureux, propre aux sentimens de componction, de plaintes, de prières, de supplication et de gémissemens. Il prend pourtant quelquefois le haut ton du troisième, et alors il exprime les remontrances, les corrections et l'admiration.

Le cinquième mode est propre à exprimer les grandes joies; les textes qui expriment la victoire et le triomphe, lui sont propres. Il est cependant aussi quelquefois déprécatoire et affectueux.

Le sixième mode est propre aux textes dévots, tendres, affectueux, pieux, d'action de grâces, de confiance, d'amitié, de douceur et de modestie. Il joint la grandeur et la gravité à la joie et à l'affabilité.

Le septième mode est propre aux grands mouvemens, aux exclamations mâles, aux événemens surprenans, éclatans. Il est majestueux, impératif; il excite et il réveille par ses progressions bondissantes.

Le huitième mode est doux, paisible ; il est harmonieux; il plaît à l'oreille; il est aussi pompeux, mais ses progressions se font avec gravité; il convient aux textes qui marquent le désir de la félicité et de la gloire.

On a aussi donné à chaque mode les épithètes suivantes : *primus*, *gravis ; secundus*, *tristis ; tertius*, *mysticus ; quartus*, *harmonicus ; quintus*, *lætus* ; *sextus, devotus ; septimus*, *angelicus ; octavus*, *perfectus*. Le premier mode, grave; le second, triste; le troisième, mystique; le quatrième, harmonieux; le cinquième, joyeux; le sixième, dévot; le septième, angélique; le huitième, parfait.

Il ne faut pas croire que dans le plain-chant on accumule notes sur notes, sans suivre d'autre règle que l'inspiration du moment. Cette opinion ne tendrait qu'au mépris de cette belle institution. Toute pièce de chant, composée selon les règles et les vrais principes du chant, doit exprimer le caractère général du texte sur lequel elle est composée; de plus, le sens particulier des passages et des paroles qui expriment une idée ou une image frappante et extraordinaire, doit être rendu ; il ne doit s'y trouver aucun contresens, c'est-à-dire que les modulations ne doivent pas monter, quand les paroles expriment la bassesse et l'humiliation, et qu'elles ne doivent pas descendre, quand elles marquent l'élévation, ou la gloire, ou la hauteur. Cependant les modulations doivent toutes s'enchaîner l'une à l'autre, en sorte qu'il n'y ait rien de dur ni de choquant.

Nous ne nous étendrons pas davantage sur cet article qui nous menerait trop loin. Nous observerons seulement que, pour bien chanter, il faut comprendre le chant, c'est-à-dire le sens des modulations ; sans cela on chantera toujours sans goût et sans intérêt; et pour comprendre le chant, il faut l'étudier, le décomposer, l'analyser attentivement; faire attention aux différens repos, quelquefois indiqués par des points; cependant les points ne sont point usités dans tous les chants.

Voyez à la fin de ce volume ce qui est dit sur la manière de bien chanter.

MANIÈRE PRATIQUE D'APPRENDRE LE PLAIN-CHANT.

Pour apprendre le plain-chant, dit M. Nivers, il faut d'abord connaître parfaitement les notes, les entonner juste, et enfin y joindre la lettre ou les paroles. Voilà donc trois opérations bien distinctes; nommer la note, la chanter et puis y adapter les paroles. Ces trois choses se doivent faire l'une après l'autre ; nous allons indiquer quelques moyens qui en faciliteront l'exercice et l'étude.

1° *Connaissance de la note.*

Cette connaissance reposant principalement sur la connaissance des clefs, l'élève doit s'appliquer à bien posséder le nom des notes sur toutes les clefs usitées. Pour cela, il les étudiera successivement, en commençant par la plus facile et la plus ordinaire, qui est la clef d'*ut* d'en haut ; et il aura soin de ne pas passer à un autre clef avant de s'être bien habitué à lire celle dont il avait entrepris l'étude.

Voici les divers moyens qu'on indique pour acquérir la connaissance des notes :

1° Lire les différens exercices de la clef, c'est-à-dire, en nommer tout simplement les notes sans chanter. (*Voyez* les exercices).

2° Ecrire soi-même quelques notes sur des lignes, puis leur donner leurs noms, comme dans l'exemple ci-dessous (1); ou bien écrire d'abord les noms de quelques notes sous une portée, pour placer ensuite les points vis-à-vis de ces noms, à la place qu'ils doivent occuper, comme dans l'exemple ci dessous. (2).

mi la ré sol si fa ut.

3° On peut encore imaginer d'autres moyens mécaniques, comme d'envisager les quatre doigts comme les quatre lignes de la portée, donnant à chaque doigt le nom de la note posée sur la ligne que ce doigt représente. Ainsi, pour la clef d'*ut* d'en haut, on appellerait *ré* le petit doigt, le suivant *fa*, le troisième *la*, le quatrième *ut*, et on donnerait aux intervalles entre chaque doigt le nom des notes intermédiaires.

Quand l'élève connaîtra bien une clef et qu'il en nommera facilement les notes, il pourra passer à la seconde opération.

2° *Chant de la note ou vocalisation.*

Chanter la note, c'est ce qui s'appelle *solfier* ou *vocaliser*. Cet exercice très-important a pour but non seulement d'apprendre à former avec justesse les tons et demi-tons, mais encore, ce qui est plus essentiel, de former et perfectionner la voix. Si elle est dure, ou rauque, ou aigre, ou pesante, ou inégale, ou enfin désagréable par quelque défaut, cet exercice doit rendre les sons agréables, égaux, pleins, justes, harmonieux. Avant donc d'exécuter aucune progression de notes, il faut s'exercer à tirer de beaux sons de sa voix. Desserrer assez les lèvres et les dents, sans pourtant faire de contorsions et de grimaces, élargir son gosier, ne point faire d'efforts, ni tirer les sons du fond de sa poitrine, mais se tenir dans une position bien droite, la poitrine bien libre, laisser sortir les sons sans aucune gêne ni affectation, les prolonger aussi long-tems qu'on le pourra sur le même ton, tâcher d'en corriger les défauts et de les rendre naturels, pleins, justes et agréables : voilà ce qu'il faut faire au commencement de cet exercice.

On comprend que pour cela un maître est nécessaire, aussi bien que pour les exercices suivans.

C'est lui qui, après avoir éprouvé la voix de son élève pour en connaître la qualité et l'étendue, lui suggérera successivement le son de plusieurs notes, ayant soin de demeurer long-temps sur chaque note; et pour cela, il pourra chanter avec lui les premiers exercices, ou même des morceaux plus difficiles, le faisant suivre à l'écho pour lui former l'oreille.

Il doit surtout s'attacher à faire distinguer à son élève la différence d'un ton et d'un demi-ton; car il est très-important que l'oreille et la voix sachent faire ce discernement promptement et imperturbablement. Pour atteindre ce but, on pourra se servir des moyens suivans :

1° Chanter plusieurs fois la gamme d'*ut* et très-lentement, en remarquant bien la différence des tons et des demi-tons;

2° Faire exécuter alternativement un bémol et un béquarre sur la même note. Ainsi on prendra les notes *la* et *si* que l'on chantera d'abord sur le ton naturel; puis on supposera un bémol sur le *si*, et on chantera les deux notes en ne laissant qu'un demi-ton d'intervalle; puis on supposera un béquarre sur le *si*, et on chantera encore les deux notes en mettant entre elles l'intervalle d'un ton plein; on pourra répéter cet exercice plusieurs fois. On pourra encore prendre les deux notes *ut* et *si*, et faire le même exercice en descendant, supposant alternativement un bémol et un béquarre sur le *si*. On sent combien cet exercice réveille, excite et forme l'instinct de l'oreille.

Exemple :

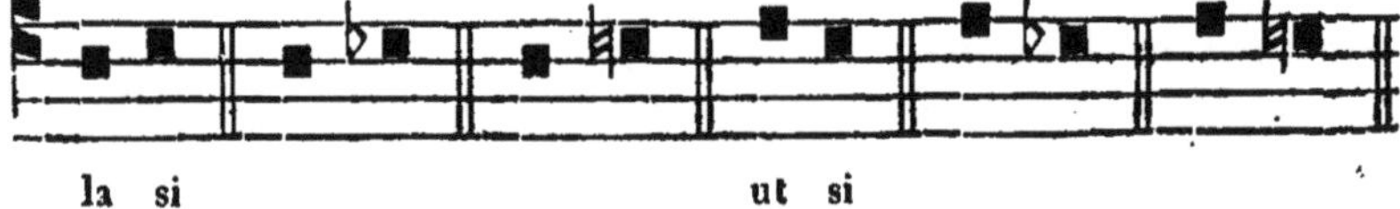

la si ut si

3° Chanter successivement la gamme de chacune des notes *ut*, *ré*, *mi*, *fa*, etc., observant de prendre toujours sur le même ton la première note de chaque gamme; ainsi, après avoir chanté la gamme d'*ut*, on prendra celle de *ré* en chantant *ré* sur le même ton qu'*ut* (*voyez* les exercices). On aura soin de toujours bien faire les demi-tons entre *mi* et *fa*, et *si* et *ut*, ce qui demandera un peu d'attention, et c'est là l'avantage de cet exercice.

Enfin, après ces préliminaires, l'élève se mettra à chanter les intervalles (*voyez* les exercices). Ils sont notés sous toutes les clefs usitées; mais on ne devra point passer d'une clef à une autre avant de s'être familiarisé avec elle. Pour varier, on pourra de temps en temps solfier d'autres morceaux de chant.

Il faut solfier beaucoup, car il est d'expérience qu'on n'a presque plus de peine à appliquer la parole, quand on a solfié long-temps et qu'on est parvenu à le faire avec assurance et avec facilité. Et même en chantant la lettre, pour ne point se tromper, il faut toujours solfier mentalement, c'est-à-dire, avoir présent à l'esprit la note et l'intervalle que l'on exécute; sans cela, on se perdra nécessairement. Or, quelle habitude de solfier ne faut-il pas pour cela?

Il est bon de remarquer que c'est ici le lieu de discerner ceux qui sont incapables de jamais chanter, et auxquels, par conséquent, l'étude du plain-chant serait inutile. Si un élève ne saisit aucunement les sons qui lui sont proposés; si après des tentatives réitérées il ne peut absolument y parvenir, cela indique qu'il y a dans les organes des obstacles plus ou moins difficiles à vaincre; si l'élève est jeune, il peut y avoir lieu d'espérer, car quelquefois ce qu'on n'avait pu saisir dans l'enfance on le saisit avec facilité quand les organes sont formés; cet espoir est encore plus fondé, si l'oreille de l'élève l'avertit qu'il ne rend pas un son juste. Mais si l'élève est avancé en âge, c'est en vain qu'il lutte contre les obstacles de la nature; il fera mieux de renoncer à l'étude du chant.

3° *Appliquer la lettre aux notes.*

Pour arriver là, il y a un moyen de transition qui peut être fort utile. Il consiste à prononcer seulement la syllabe *a* sur toutes les notes, au lieu de les appeler par leur nom ou de prononcer les différentes syllabes des mots; quand on fera bien cela, on prononcera la lettre, d'abord sans doute avec quelque difficulté, mais peu à peu l'habitude se formera.

Nous avons indiqué toutes les opérations à faire pour se

rendre habile dans le chant. Celui qui les suivra bien exactement, ne chantera point avec cette malheureuse routine qui égare si souvent les chantres de lutrin ; ils ne se rendent compte de rien; ils chantent en aveugles avec quelques données insuffisantes, et comme il doit arriver, ils se perdent bientôt, sans pouvoir jamais se remettre ensuite sur la voie, parce qu'ils n'ont point de principes ni de règles fixes.

De l'intonation.

L'*intonation*, que nous prenons ici dans son sens le plus étendu, consiste à commencer un morceau de chant comme il convient.

Une belle et parfaite intonation est celle qui est faite avec justesse et assurance, et sur le ton convenable ; une intonation timide, molle, qui n'attaque pas la note juste, mais qui semble tatonner, ou bien qui est faite sur un ton trop haut ou trop bas, ne saura jamais plaire à personne.

Il n'y a guère de règles à donner pour qu'on puisse acquérir la justesse et la précision nécessaires à une *intonation;* l'exercice y contribue beaucoup ; la nature de la voix encore davantage; nous dirons néanmoins que l'accord parfait de la gamme sur laquelle est noté le morceau de chant, exécuté d'avance intérieurement, peut aider à entonner juste.

Quant au ton sur lequel il convient d'entonner un morceau de chant quelconque, on convient généralement qu'il ne doit être ni trop haut ni trop bas. Si donc celui qui entonne doit chanter seul, il prendra un ton convenable à l'étendue de sa voix; mais si le chant est continué par plusieurs voix en chœur, alors il doit prendre un ton qui conviendra à la plupart des voix; quand il y a un instrument, un serpent, par exemple, c'est à lui de donner le ton. Quel est ce ton? cela dépend de la gravité des voix; mais en général on doit éviter de faire descendre les voix au-dessous du *la* du serpent. (*Voyez* la méthode de serpent).

Mettre les modes à l'*unisson*, c'est lier ensemble plusieurs pièces de chant faites sur différens modes, de manière à ne point faire de transitions brusques et choquantes de l'une à l'autre. Il y a deux manières de mettre les modes à l'*unisson ;* savoir : par les termes graves ou par les dominantes. L'*unisson* des dominantes consiste en ce qu'on les prend toutes sur un ton fixé, sur *la*, par exemple. L'*unisson* des termes graves consiste à prendre toujours les notes les plus basses de chaque mode sur un ton fixé, sur le *la* d'en bas, par exemple.

Le premier système nous semble devoir être seul adopté dans la psalmodie, comme nous le dirons plus bas, parce que la psalmodie roule toujours sur les dominantes; mais du reste, dans l'exécution de diverses pièces de chant, il aurait des inconvéniens très-grands; il arriverait qu'on serait tantôt très-haut et tantôt très-bas; on ferait quelquefois d'un mode à l'autre un saut tout-à-fait choquant, par exemple du 3e au 1er.

En prenant, au contraire, les termes graves de chaque mode pour *unisson*, les voix ne seront jamais en défaut. Ainsi qu'on prenne le *ré* du premier mode, le *la* du second, le *mi* du troisième, l'*ut* du quatrième, le *fa* du cinquième, l'*ut* du sixième, le *sol* du septième, le *ré* du huitième, sur le même ton, on ne se trouvera jamais ni trop haut ni trop bas. Chaque mode parcourant sa gamme particulière, à partir du terme grave, il est facile de voir que cette méthode est sûre et sans inconvéniens : il n'y aura point de monotonie, parce que l'*unisson* n'ôte point à chaque mode son caractère propre; au contraire, il le fait ressortir davantage.

Nous convenons du reste que cette méthode est plus difficile que l'autre, parce qu'elle n'est autre chose que l'exercice des gammes successives que nous avons indiquées plus haut; par exemple, pour prendre un morceau du troisième mode après un premier, il faut beaucoup d'attention, parce qu'au lieu de faire un ton de la note grave à la suivante, il ne faut plus faire qu'un demi-ton : mais l'exercice en fera aisément contracter l'habitude.

CHAPITRE 5.

DE LA PSALMODIE.

La psalmodie n'est autre chose que le chant des Psaumes.

Elle est *simple* ou *composée*.

Elle est *simple*, quand le chant roule toujours sur la même note depuis le commencement du verset jusqu'à la fin.

Elle est *composée*, quand le chant est orné de quelques modulations.

Il y a des règles communes à l'une et à l'autre que nous allons faire connaître.

RÈGLES GÉNÉRALES DE LA PSALMODIE.

1° *Des repos.*

Le principal repos, dans toute psalmodie, se fait à l'endroit du verset où il y a une astérisque *. Ce repos s'appelle *médiante ;* il faut qu'il soit sensible et de quelques instans.

Outre ce repos principal, il est souvent nécessaire d'en faire dans le cours du verset pour reprendre haleine. Autant que possible, il ne faut pauser qu'aux signes de ponctuation, jamais au milieu d'un mot, ni après ceux qui se rapportent à un mot qui suit, comme *et*, *in*, *non*, *de*, *à*, *ex*, *inter*, *prœter*, *tanquam*, *sicut*, etc.

On doit éviter les séparations suivantes, qui se font assez communément : *Deus in adjutorium — meum intende; Domine ad adjuvandum — me festina; Abraham et semini — ejus in sæcula; Sede à — dextris meis.*

Il faut dire : *Deus — in adjutorium meum intende. Domine — ad adjuvandum me — festina. Sede — à dextris meis. Abraham — et semini ejus*, *in sæcula.*

S'il y a plusieurs voix qui chantent ensemble, elles doivent bien s'écouter, pour s'accompagner toujours et arriver ensemble à la médiante et à la finale.

2° *De la quantité.*

Le chant, a dit quelqu'un, doit perfectionner la prononciation et non pas la corrompre ; or, pour que la prononciation soit correcte, il faut observer la quantité, c'est-à-dire demeurer plus long-tems sur les syllables longues que sur les brèves ; et ce n'est point seulement dans la psalmodie que l'on doit observer la quantité, mais dans toutes sortes de chants, dans les épîtres, les leçons, les oraisons, etc.

Mais quelles sont les syllables longues et brèves ? Comment pouvoir les distinguer ? Voilà ce qu'il faut savoir.

Pour cela, il ne suffit pas de connaître la prosodie, parce que la quantité du chant ou de la prononciation n'est pas toujours la même que la quantité naturelle. Cependant cette connaissance est très-utile, la quantité du chant étant généralement réglée, à certaines exceptions près, sur la quantité grammaticale.

Voici les règles pour distinguer les syllabes longues et les syllabes brèves.

1° *Mots de trois syllabes et plus.*

Dans le *Bréviaire* et certains autres livres d'office, la syllabe longue de ces mots est ordinairement accentuée; ainsi : Dómine; virtútis; dans ces mots les syllabes Dó et tú, qui sont surmontées d'un accent aigu, sont longues de quantité.

S'il n'y a pas d'accent dans le mot, c'est qu'une des deux premières syllabes est suivie de deux consonnes ou composée d'une diphtongue, et c'est celle-là qui est longue; ainsi : dans ces mots : *Scabellum*, *sacerdos*, *æternum*, *ordinem*, *exaudi*, les syllabes *bell*, *cerd*, *tern*, *ord*, *xau*, quoique non accentuées, sont longues de quantité.

Dans les mots qui ont plus de trois syllabes on n'a jamais égard qu'aux trois dernières pour fixer l'accent; ainsi on dit : Muliéres, muliéribus, commovébitur, conturbátus, delictórum, lucíferum, etc. S'il n'y a pas d'accent, la longue est encore celle des trois dernières qui est suivie de deux consonnes ou composée d'une diphtongue.

2° *Mots de deux syllabes.*

La première syllabe de ces mots est toujours longue et elle ne porte jamais d'accent. La seconde est tantôt longue et tantôt brève, comme on le verra plus bas.

3° *Monosyllabes.*

Les monosyllabes sont de deux espèces. Les uns se rapportent au mot précédent, comme sont ordinairement ceux-ci : *me*, *te*, *se*, *nos*, *vos*, *est*, *sunt*, etc; *adversum-me*, *super-vos*, *facti-sunt*, etc. D'autres se rapportent le plus souvent au mot qui les suit, comme ceux-ci : *in*, *a*, *ad*, *ex*, *qui*, *tu*, *non*, etc.

Ceux de la première espèce sont longs et rendent brève la dernière syllabe des mots qui les précèdent, quand bien même elle serait brève de sa nature ; ainsi on dit : genúi-te, satíat-te, judíca-me, fáctum-est, etc.

Un usage général excepte de cette règle ces mots *salvum fac*, où la syllabe *vum* est longue.

Les monosyllabes de la seconde espèce, c'est-à-dire ceux qui se rapportent à un mot qui suit, sont brefs, s'ils sont joints à un mot de deux syllabes, comme dans ces exemples : *qui timet; à dextris; in terrâ;* etc.... Ils sont brefs, s'ils sont joints à un mot qui ait plus de deux syllabes ; comme dans ces exemples : *in æternum; in exitu*; *in nationibus; in concilio;* ou à un autre monosyllabe; comme dans ces exemples : *in te; ex hoc*, etc.

Telles sont les règles générales que l'on donne pour distinguer les syllabes longues des brèves; nous en ferons l'application plus bas.

ARTICLE 1er.

De la psalmodie simple.

Comme nous l'avons dit plus haut, la psalmodie est simple quand on chante à voix directe, *recto tono*, c'est-à-dire sans élévation ni inflexion de voix, depuis le commencement du verset jusqu'à la fin. Ce n'est point une récitation, car dans la récitation il n'y a point de chant, et la voix ne se prolonge pas comme dans la psalmodie.

On psalmodie presque toujours simplement le *De profundis* après les vêpres ; les psaumes des *Petites Heures* à certains jours de la semaine sainte; d'autres jours on ne fait que les réciter.

La psalmodie simple n'a d'autres règles que celles-ci, savoir : 1° que toutes les voix soient toujours ensemble ; 2° que l'on observe exactement les médiantes et la quantité.

ARTICLE 2.

De la psalmodie composée.

Il y a quatre choses à distinguer dans la psalmodie composée, savoir : 1° l'intonation ; 2° la teneur; 3° la médiation ; 4° la terminaison. Nous allons donner les principes généraux sur chacune de ces parties, et ensuite nous indiquerons les règles particulières à chaque mode.

RÈGLES GÉNÉRALES SUR LES INTONATIONS, etc., DE LA PSALMODIE.

§. 1er. *De l'intonation.*

L'*intonation,* dans la psalmodie, est la modulation par laquelle on commence le chant d'un psaume ou d'un Cantique.

Chaque mode a une intonation particulière qui toujours se termine sur la dominante du mode.

Les Cantiques ont quelque chose de particulier dans leur intonation :

1° L'intonation se répète à tous les versets, tandis que dans les psaumes elle n'a lieu qu'au premier verset. Cependant, si l'on touche l'orgue, ou si le Cantique se chante en faux-bourdon, l'intonation ne se fait qu'au premier verset.

2° Dans plusieurs modes l'intonation des Cantiques est plus ornée et plus majestueuse que celle des psaumes, comme on le verra plus bas.

Parmi les intonations des psaumes, les unes sont *liées*, les autres ne le sont pas. On appelle intonations *liées* celles où la seconde note est jointe à la troisième sur la même syllabe, par exemple, celle du premier mode. On appelle intonations non *liées*, celles où la seconde et la troisième notes se font sur une syllabe différente; ainsi, par exemple, celle du second mode.

Voici deux vers latins qui aideront à retenir ces règles :

Non ligat octavus, seu quintus, sive secundus;
Verùm aliis in quinque, notas unire memento.

Il faut bien remarquer que quand la seconde syllabe du mot est brève, on la compte pour rien dans l'intonation liée; exemple : *Credidi,* la seconde syllabe *di* est considérée comme nulle, et on doit tomber à la seconde note sur la troisième syllabe du mot. Dans l'intonation non liée, au contraire, toutes les syllabes doivent compter une pour chaque note, comme on le verra plus bas.

Il faut remarquer aussi que dans l'office des morts et les trois derniers jours de la semaine sainte, on ne fait aucune modulation au commencement des psaumes et des Cantiques; mais on part directement sur la dominante.

Dans les offices doubles non chomés et dans ceux d'un rit

inférieur, les psaumes n'ont point non plus d'intonation, et les Cantiques prennent celle des psaumes, mais seulement au premier verset.

Quand les premiers mots du psaume sont contenus dans le commencement de l'antienne qui a été imposée auparavant, il n'y a point d'intonation ; on continue le psaume, en commençant après les mots imposés, comme on fait pour *Dixit Dominus* aux dimanches pendant l'année. Les Cantiques sont exceptés de cette règle.

§. 2. *De la teneur.*

La teneur est cette partie de la psalmodie qui règne depuis la fin de l'intonation jusqu'au commencement de la médiation, et depuis la fin de la médiation jusqu'au commencement de la terminaison. Elle se tient généralement sur la dominante du mode ; cependant il y a des exceptions pour certaines psalmodies où la teneur change de note après la médiation ; par exemple, dans le premier ton irrégulier.

§. 3. *De la médiation.*

La médiation est la modulation qui termine la première partie de chaque verset, dans les psaumes et les Cantiques.

Il y a des modes qui n'ont point de médiation distincte, par exemple : le premier et le sixième ; on continue toujours sur la dominante, et on prolonge la voix davantage sur la médiante. Les autres modes ont chacun leur médiation, que l'on fait toujours et dans tous les rits, à l'endroit du verset où il y a une astérisque *.

La médiation des Cantiques n'est pas toujours la même que celle des psaumes; on verra plus loin les différences pour chaque mode. Cependant, si le Cantique se chante en faux-bourdon, la médiation se fait comme celle du psaume.

Pour bien observer la quantité aux médiations, il faut suivre les règles suivantes :

1° Si la médiation commence en montant, comme dans les 2e, 3e, 5e, 6e et 7e modes, l'élévation ne doit pas se faire sur une syllabe brève, ni sur la dernière syllabe d'un mot ; mais alors on anticipe cette élévation sur une syllabe précédente (*a*). Cette règle n'est point applicable à l'élévation qui se fait par plusieurs notes, comme dans le 2e mode irrégulier, ni aux mots *salvum fac*, selon ce que nous avons déjà dit plus haut.

2° Si la médiation commence en descendant, on peut couler la première note sur une syllabe brève (b).

3° Si l'avant-dernière syllabe avant l'astérisque est brève, elle ne compte pour rien dans la formation de la médiation, et elle se fait sur la même note que la syllabe suivante (a); de même, quand on est obligé d'anticiper l'élévation de la médiation à cause d'une syllabe brève, les syllabes brèves superflues s'unissent avec la syllabe longue suivante (a).

4° Si la médiation finit par un monosyllabe ou un nom hébreu indéclinable, on fait, à certains modes, de petits changemens dont nous donnerons des exemples plus bas. Observons seulement que ces changemens n'ont pas lieu 1° quand le psaume ou le Cantique se chante en faux-bourdon, et 2° quand le mot hébreu se décline.

5° La médiation du premier verset du cantique *Magnificat* ne peut pas toujours se faire en entier, à cause de la brièveté du mot; nous indiquerons à chaque mode la manière de la faire.

§. 4. *De la terminaison.*

La terminaison est une modulation par laquelle on finit tous les versets d'un psaume ou d'un Cantique.

On distingue trois espèces de terminaisons, les unes *incomplètes*, c'est-à-dire qui ne descendent pas jusqu'à la finale du mode; les autres *complètes*, c'est-à-dire qui vont jusqu'à la finale; les troisièmes *plus que complètes*, c'est-à-dire qui ont, après la finale, une ou plusieurs notes.

Les terminaisons se distinguent, dans l'*Antiphonier* et le *Bréviaire* de Beauvais, par les sept lettres : *a*, *b*, *c*, *d*, *e*, *f*, *g*. Ainsi, si la psalmodie se termine en *ut*, on l'indique par un *c*; si elle se termine en *ré*, on l'indique par un *d*. Et si la terminaison est *complète*, ou *plus que complète*, la lettre est majuscule;

si elle est *incomplète*, la lettre est minuscule. Quelquefois aussi la même lettre est droite et inclinée, pour deux terminaisons différentes ; c'est qu'alors la psalmodie finit par la même note, mais il y a un changement dans la modulation. Quelquefois aussi la lettre est affectée d'un accent ou d'une cédille ; ces signes indiquent encore une modification dans la modulation de la terminaison, qui a la même note pour finale.

La lettre J, qu'on rencontre dans le premier mode, ne représente aucune note : c'est seulement un I allongé pour désigner la traînée de notes propre à cette terminaison. C'est pourquoi on l'appelle J *caudatus*.

Dans le *Bréviaire* de Beauvais, les syllabes de la terminaison sont représentées sous les notes par les voyelles de ces mots : *Sæculorum amen :* E, u, o, u, a, e, qui conviennent à toutes sortes de terminaisons.

Pour la quantité, il y a aussi plusieurs choses à observer dans la terminaison. (*Voy*. ce que nous avons dit pour la médiation).

Nous observons que les terminaisons complètes et plus que complètes, sont plus solennelles que les autres ; aussi sont-elles indiquées aux solennités et aux Cantiques qui demandent une psalmodie plus ornée et plus pompeuse. On doit rarement changer la terminaison marquée, à moins que ce ne soit à cause des faux-bourdons, ou que l'on relève la solennité de l'office qui est noté ; les règles du plain-chant voulant qu'il y ait certains rapports fixés entre la terminaison et le commencement de l'antienne, si l'on change la terminaison, cette liaison n'existera plus. Ce que l'on doit éviter surtout, c'est de psalmodier sur un autre mode que celui sur lequel l'antienne est composée.

RÈGLES PARTICULIÈRES A CHAQUE MODE POUR LES INTONATIONS, TENEURS, MÉDIATIONS ET TERMINAISONS DE LA PSALMODIE.

PSALMODIE DU 1.er MODE.

Le premier mode a deux espèces de psalmodies, une en D et l'autre en A ; l'une que nous appelons régulière et l'autre irrégulière. Ces deux psalmodies peuvent se transposer, c'est-à-dire, qu'elles peuvent se noter sur une autre clef à l'aide d'un bémol, s'il en est besoin.

Psalmodie du premier mode en D.

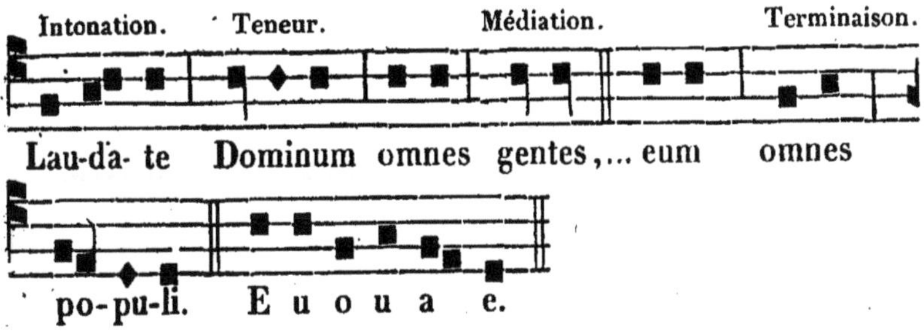

L'intonation et la médiation de cette psalmodie sont toujours les mêmes; il n'y a pas d'exception pour les Cantiques (1), ni pour les monosyllabes et les noms hébreux indéclinables.

Cependant si la seconde syllabe en commençant est brève, comme dans *Benedictus*, *Confitebor*, il faut faire la seconde note sur la troisième syllabe, et unir la brève avec elle, de cette manière :

Voici les diverses terminaisons de ce mode en usage dans le diocèse :

(1) Dans quelques Eglises, on chante ainsi les Cantiques :

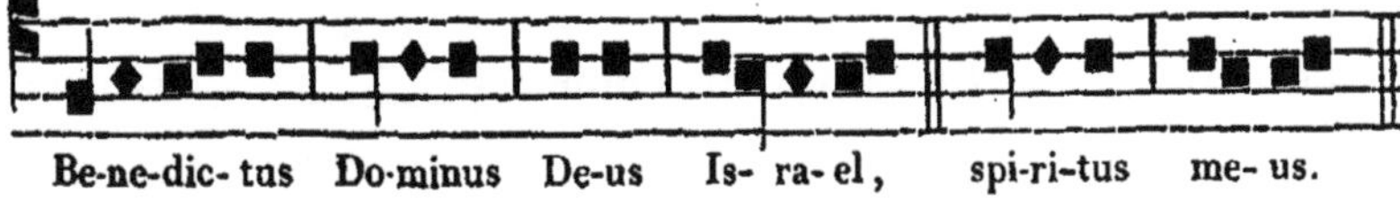

Exemples des monosyllabes et des brèves à la fin de cette psalmodie.

Psalmodie du 1.er mode en A ou irrégulier.

L'intonation se fait *in directum*. Le second verset, qui est le modèle des autres, est moins orné :

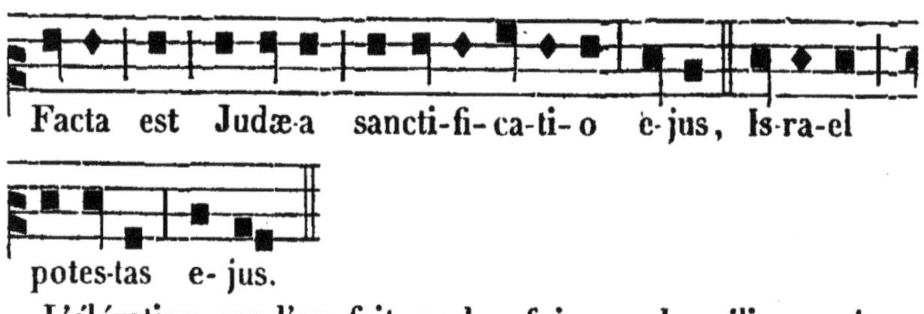

L'élévation que l'on fait quelquefois sur le milieu environ de la deuxième partie du verset, comme Jordanis est une mauvaise routine qui souvent coupe le sens de la lettre et blesse la quantité.

Les mots hébreux non déclinés (1) et les monosyllabes à la médiation se font ainsi :

Domu-i Is-ra-el, Dominus super vos.

Autre psalmodie du 1.er mode.

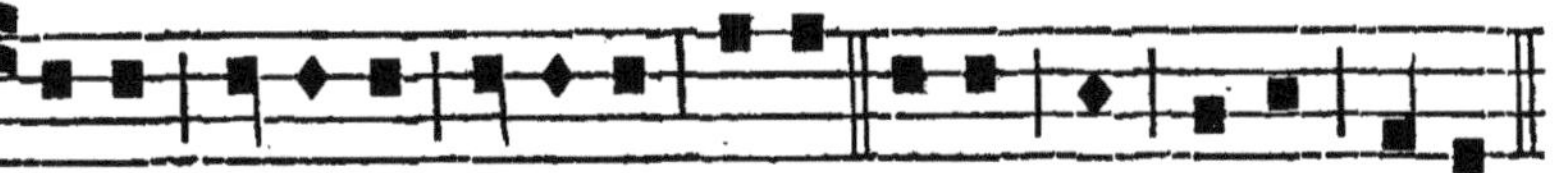

Di-xit Dominus Domino me-o, se-de à dextris me-is.

Cette psalmodie solennelle et mélodieuse se réserve pour les solennités ou les faux-bourdons. Elle est d'ailleurs de nouvelle invention.

PSALMODIE DU 2.e MODE.

Ce mode a, comme le premier, dont il dérive, une psalmodie en D et une en A, l'une appelée régulière et l'autre irrégulière. Elles peuvent aussi se transposer.

***Psalmodie régulière du 2.e mode en* D.**

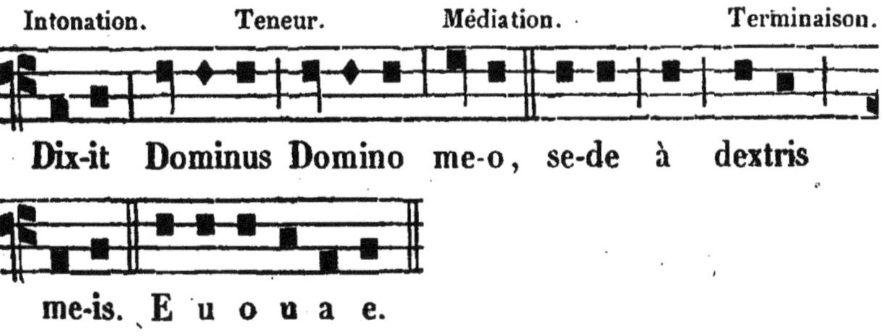

(1) Voici les mots hébreux indéclinables : Abraham, Isaac, Jacob, Israel, Aaron, Sion, David, Ephrata, Jérusalem, Chanaan, etc.

L'intonation de cette psalmodie n'est pas liée; les brèves peuvent se faire sur chaque note :

Cre-di-di. Ju-di-ca me.

Les monosyllabes et les noms hébreux indéclinables se font ainsi à la médiation :

Lo-cutus sum. Is-ra-el. David.

L'intonation et la médiation des Cantiques est différente, et les monosyllabes et les mots hébreux se font comme les autres mots :

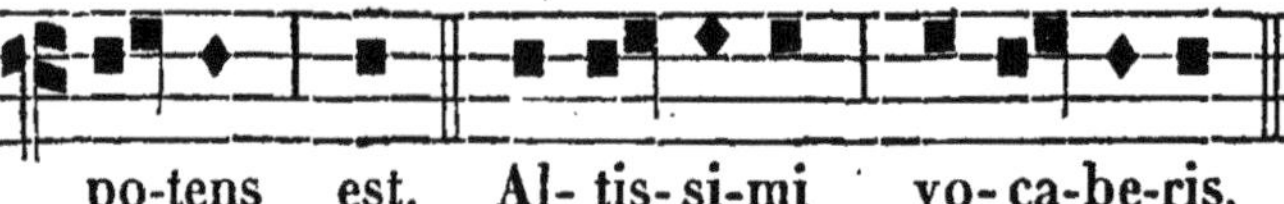

Cette psalmodie n'a dans notre *Antiphonier* que trois terminaisons; les voici :

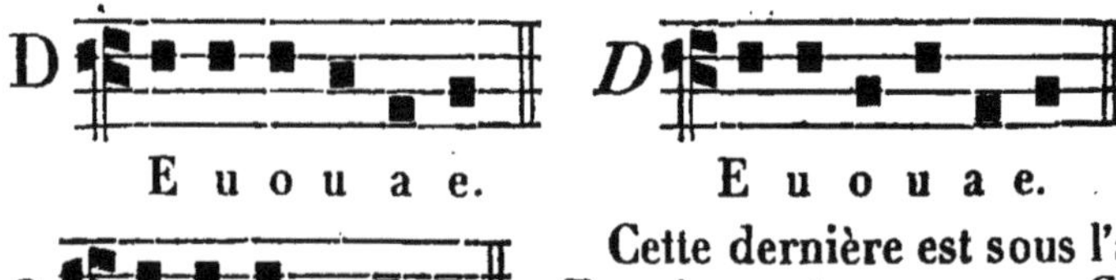

Cette dernière est sous l'antienne *Requiem æternam*, aux Commendaces des morts.

Exemples des brèves et des monosyllabes à la terminaison.

Consti- tu- is- ti me. Consti-tu- is- ti me. In sæ-cu-lum

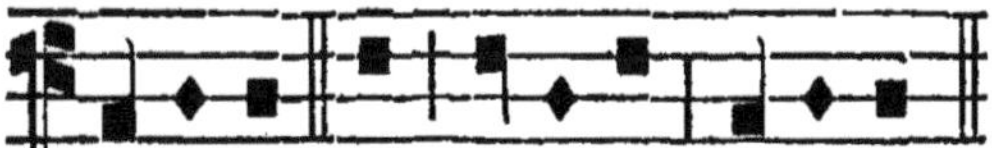

sæ-cu-li. In sæ-culum sæ-cu-li.

Psalmodie du 2.e mode, en A, *irrégulière.*

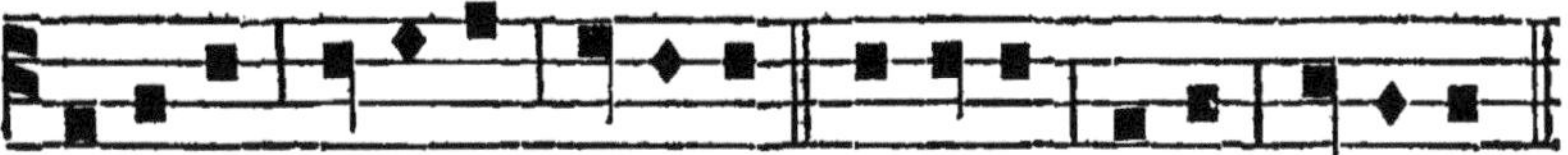

Lauda-te pu-e- ri Dominum, Lauda-te nomen Domi-ni.

On n'a point égard aux monosyllabes ni aux noms hébreux dans cette psalmodie.

Les Cantiques se chantent ainsi :

Bene-dic-tus Dominus De-us Is-ra-el. Ma-gni- ficat. *ou*

Ma -gni-fi-cat Qui-a vi- de-runt. De-po-su-it. Quod
Et e- xul- ta. Susce- pit.

pa-ras- ti. Magna qui potens est. (1)

---

(1) On a encore rangé sous ce second mode, une autre psalmodie dont on ne se sert que dans les faux-bourdons; elle y est notée en *sol mineur*; mais évidemment, cette psalmodie se rattache au 1.er mode pour la dominante et pour la finale; c'est simplement la psalmodie en A, avec cette différence que la première note de la terminaison s'élève au-dessus de la teneur, tandis que dans *In exitu* elle descend; c'est une trop légère différence, à notre avis, pour qu'on en ait fait une psalmodie séparée.

PSALMODIE DU 3.e MODE.

Le troisième mode n'a qu'une espèce de psalmodie, en E, parce que la finale du mode est *mi;* elle a d'ailleurs beaucoup de terminaisons incomplètes qui finissent sur d'autres notes.

Psalmodie du 3.e *mode*, *en* E.

L'intonation est liée; les syllabes brèves ne peuvent donc pas compter :

Cre-di-di. Confi-te-bor.

La médiation commence à la quatrième syllabe avant la médiante ; et à la cinquième, si la quatrième est brève ; quelquefois même à la sixième, quand il y a deux brèves dans les quatre dernières.

Les monosyllabes et les mots hébreux, ***Abraham***, ***Israel***, ***Isaac*** et autres qui forment un dactyle, se font ainsi, en retardant la médiation :

Lo-cu-tus sum. Cum De-o Abraham. De-us Is-ra-el.

Mais s'il y a deux monosyllabes, et si les mots hébreux ne forment point un dactyle, on ne change rien à la médiation :

Domi-ne David. Spera-vi in te. In Ephrata.

Les Cantiques ont, dans ce mode, la même psalmodie que les psaumes (1) :

Magni- fi-cat.

Terminaisons de la psalmodie du 3.e mode.

E u o u a e.

Exemples de brèves et de monosyllabes à la terminaison.

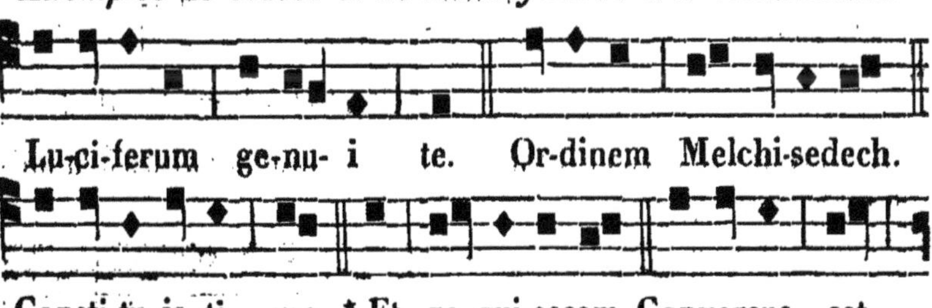

retrorsum.

---

(1) Dans quelques diocèses, on se sert de cette psalmodie pour les Cantiques :

Be-ne- dic- tus Do-mi-nus Deus Is- ra- el. E u o u a e.
Nunc di- mit- tis ser- vum tuum Do-mi- ne.

PSALMODIE DU 4.ᵉ MODE.

Le quatrième mode a deux espèces de psalmodie ; l'une en E, sa finale régulière, et l'autre en A, finale irrégulière.

Au reste, les terminaisons et la notation en font seules la différence ; on pourrait transposer la dernière.

Psalmodie du 4.ᵉ mode en E, *régulière.*

Cette intonation est liée ; les syllabes brèves se feront donc ainsi :

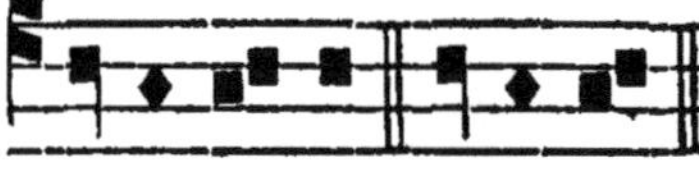

Con-fi-te-bor. Credi-di.

Les monosyllabes et les mots hébreux indéclinables à la médiante se font ainsi :

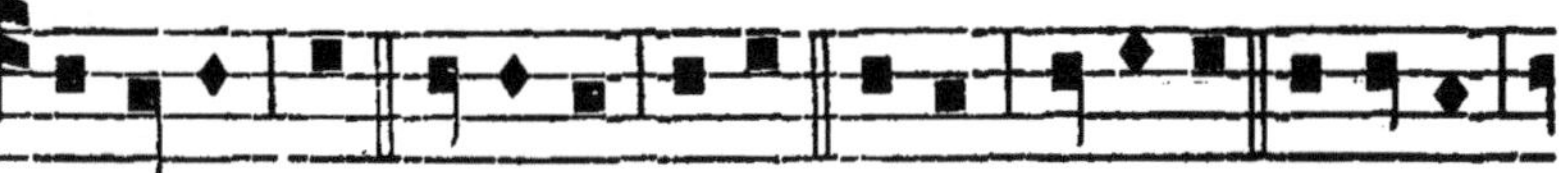

Locu-tus sum. Domi-ne David. De-us Is-ra-el. Spera-vi

in te.

Pour les Cantiques, la médiation change ainsi :

Be-ne-dic-tus Domi-nus De- us Is- ra-el. Ma-gni- fi-cat.
Nunc di-mit-tis ser- vum tu- um Do-mi-ne.

Ma-gna qui potens est. Quod pa- ras-ti.

Les monosyllabes et les mots hébreux se font comme les autres mots.

Terminaisons de la psalmodie du 4.e mode en E.

Exemples de brèves et de monosyllabes à la terminaison.

Se-cu-lum se- cu- li. Ti-men-ti- bus se. Conversus est
Non commo- ve- bi-tur.

re-trorsum. Protector e- o- rum est.
Pec-ca- to-rum pe- ri- bit.

Psalmodie du 4.e mode en A, *irrégulière.*

Di-xit Dominus Domino me-o, se-de à dextris meis.

Les monosyllabes et les mots hébreux se font comme dans la psalmodie en E. On ne chante jamais les Cantiques sous cette psalmodie.

Voici ses terminaisons :

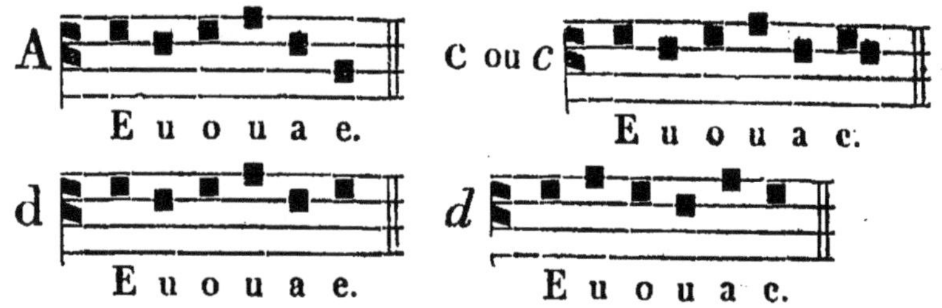

Autre psalmodie du 4.e mode.

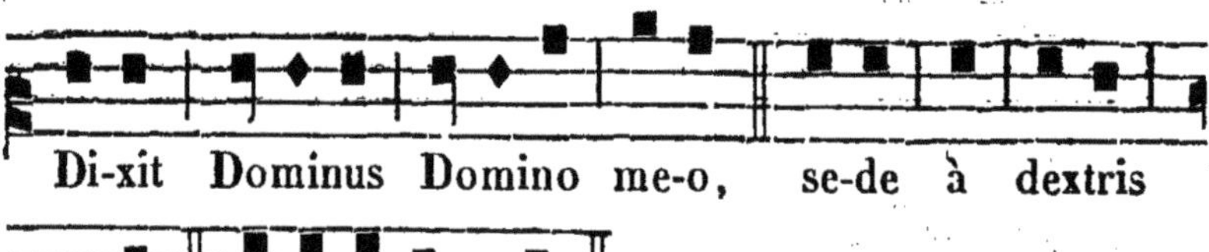

Les monosyllabes, les mots hébreux et les Cantiques ne modifient en rien cette psalmodie qui est solennelle et majestueuse. Elle change de teneur dans la deuxième partie du verset. Il serait à désirer qu'il y eût des antiennes correspondant à cette psalmodie ; mais comme il n'y en a pas, pour reprendre l'antienne notée en clef d'*ut*, il faut supposer que l'on finit en *la*.

PSALMODIE DU 5.e MODE.

Le cinquième mode pouvant se noter de deux manières, en *fa* et en *ut*, a deux psalmodies, l'une en F et l'autre en C, qui peuvent se transposer toutes deux.

Psalmodie du 5.e mode en F.

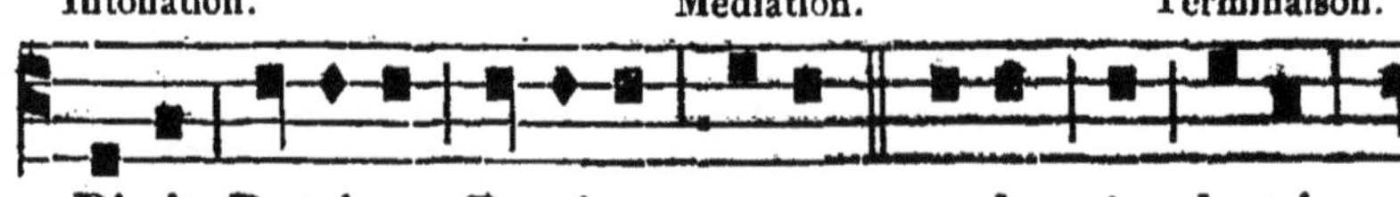

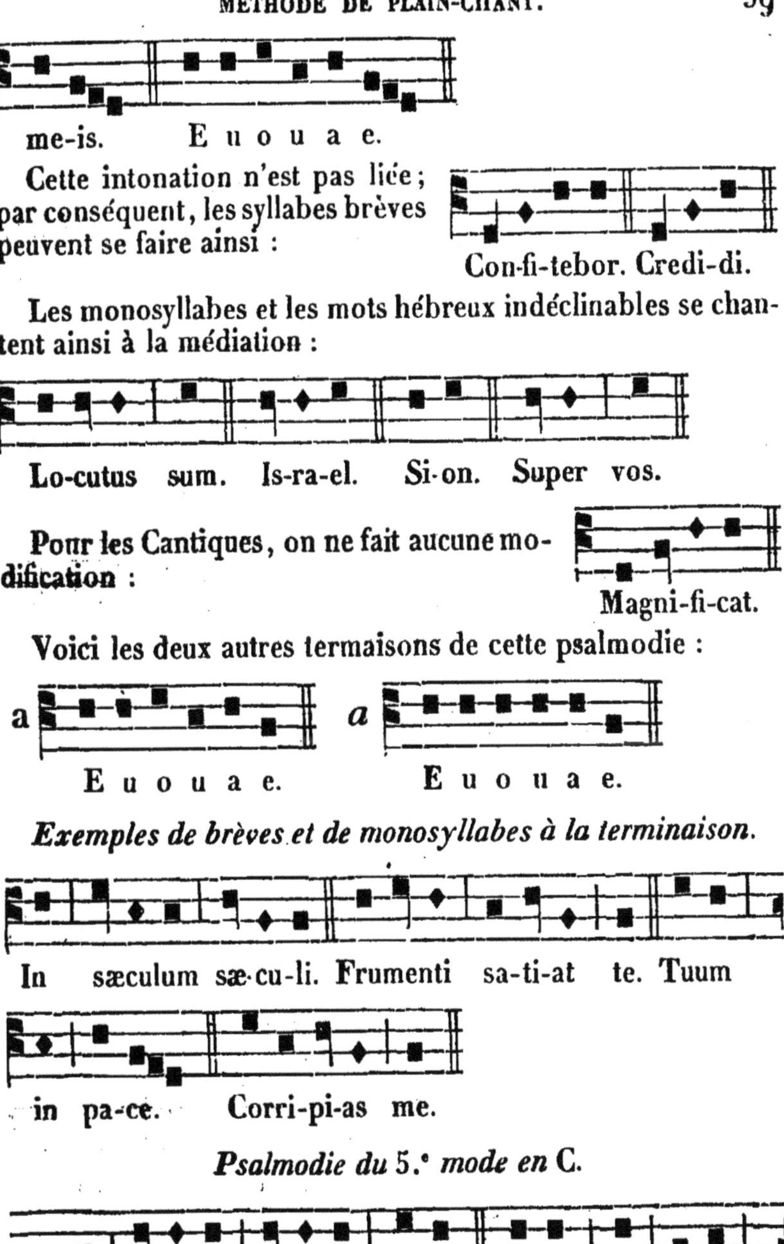

me-is. E u o u a e.

Cette intonation n'est pas liée ; par conséquent, les syllabes brèves peuvent se faire ainsi :

Con-fi-tebor. Credi-di.

Les monosyllabes et les mots hébreux indéclinables se chantent ainsi à la médiation :

Lo-cutus sum. Is-ra-el. Si-on. Super vos.

Pour les Cantiques, on ne fait aucune modification :

Magni-fi-cat.

Voici les deux autres termaisons de cette psalmodie :

a E u o u a e. *a* E u o u a e.

Exemples de brèves et de monosyllabes à la terminaison.

In sæculum sæ-cu-li. Frumenti sa-ti-at te. Tuum in pa-ce. Corri-pi-as me.

Psalmodie du 5.ᵉ *mode en* C.

Di-xit Dominus Domi-no me-o, se-de à dextris

Cette psalmodie se modifie comme l'autre pour les monosyllabes et les mots hébreux; elle peut se noter comme l'autre, en mettant un bémol sur le *si*.

Voici ses terminaisons :

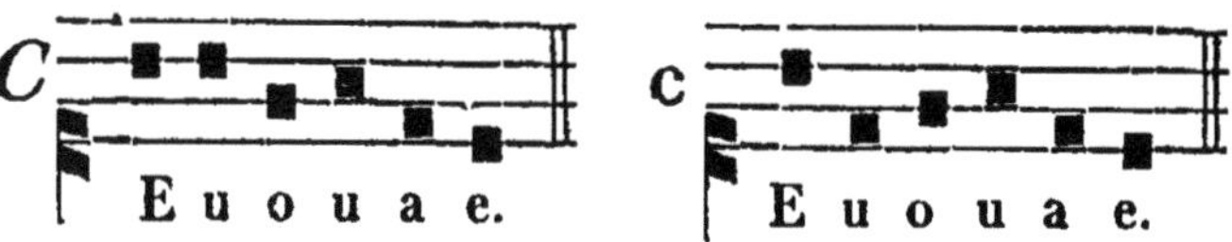

Exemples de brèves et de monosyllabes à la terminaison.

PSALMODIE DU 6.e MODE.

Ce mode a aussi deux espèces de psalmodie, l'une en F, dite régulière; l'autre en C, dite irrégulière.

Psalmodie du 6.ᵉ mode en F.

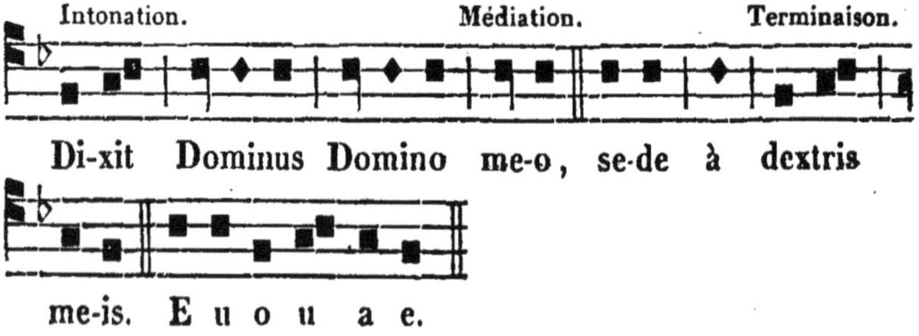

Cette intonation est liée ; on chantera donc :

Con-fi-te-bor. Credi-di. In ex- i- tu.

La médiation est directe et ne se modifie jamais, pas même dans les Cantiques (1).

Les terminaisons sont celles-ci :

La seconde terminaison n'est point usitée dans l'*Antiphonier* de Beauvais, sans doute parce qu'elle ressemble trop à la première.

Ces terminaisons sont si faciles, que nous ne donnerons point d'exemples des brèves et des monosyllabes.

Psalmodie du 6.e *mode en* C, *irrégulière.*

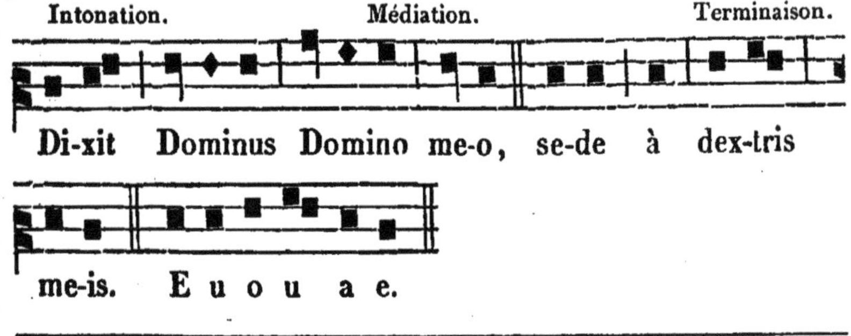

(1) Dans plusieurs diocèses, la médiation est plus ornée dans les Cantiques ; à Rouen, par exemple, on chante :

Be-ne-dic- tus Do-mi-nus De-us Is-ra- el. Spi-ri- tus me- us.

Ces ornemens n'ont rien que de très-convenable et de très-mélodieux.

Les monosyllabes et les mots hébreux ne modifient point cette psalmodie, qui est aussi la même pour les Cantiques (1).

Magnificat peut s'entonner de deux manières :

PSALMODIE DU 7.e MODE.

Ce mode n'a qu'une espèce de psalmodie, en G, parce que sa finale est *sol.*

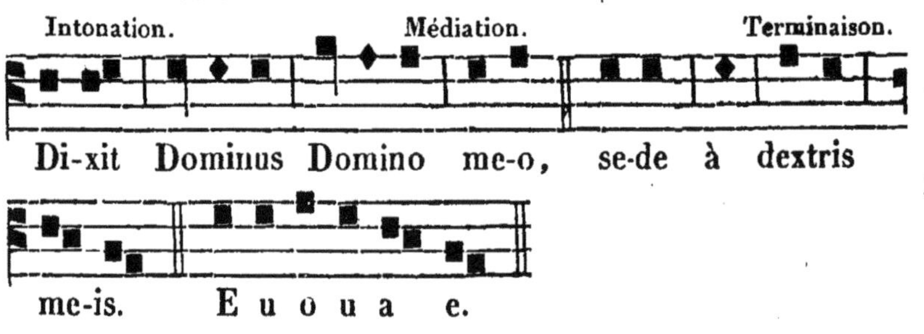

L'intonation est liée ; on fera donc ainsi les brèves :

Confi- te- bor. Credi-di.

La médiation se modifie ainsi aux monosyllabes et aux mots hébreux indéclinables :

---

(1) Dans plusieurs diocèses, on modifie ainsi la médiation aux Cantiques :

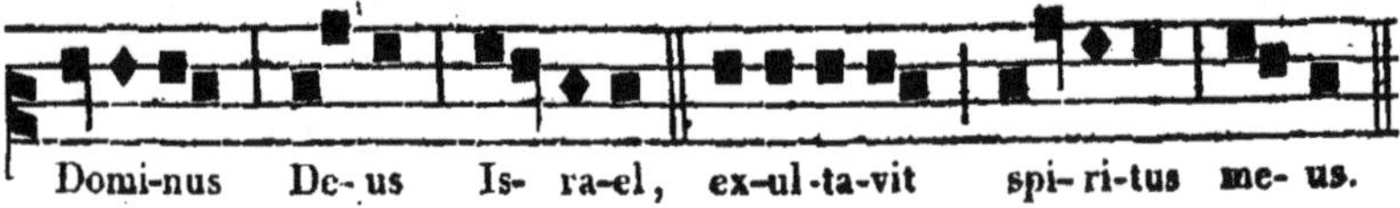

Les Cantiques évangéliques se psalmodient ainsi, en changeant l'intonation seulement (1) :

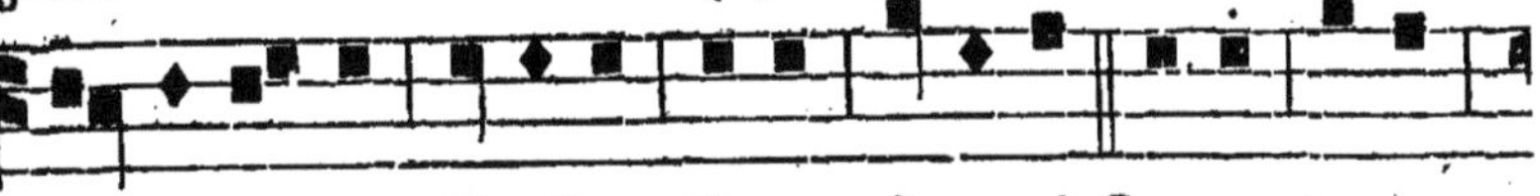

Be-ne-dic-tus Dominus Deus Is-ra-el. Servum tuum

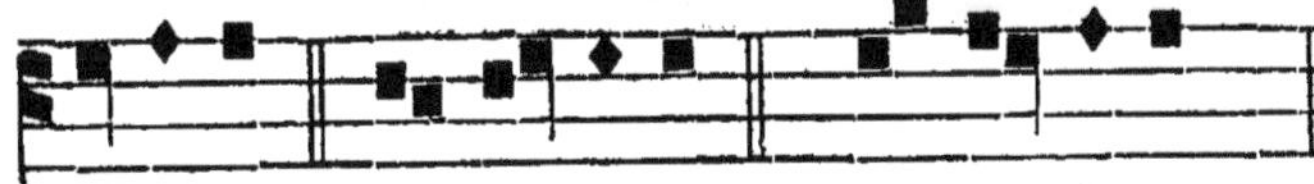

Domi-ne. Ma-gni-fi-cat. *ou* Ma-gni-fi-cat.

Terminaisons de la psalmodie du 7.e mode.

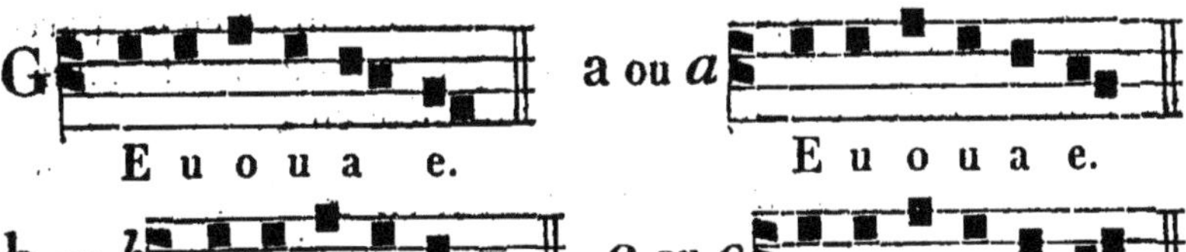

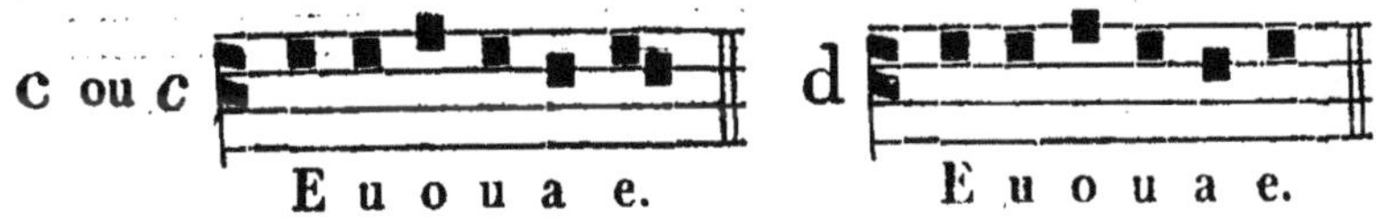

Exemples des brèves et monosyllabes aux terminaisons.

(1) Dans quelques églises, la médiation est plus ornée dans les Cantiques; on fait :

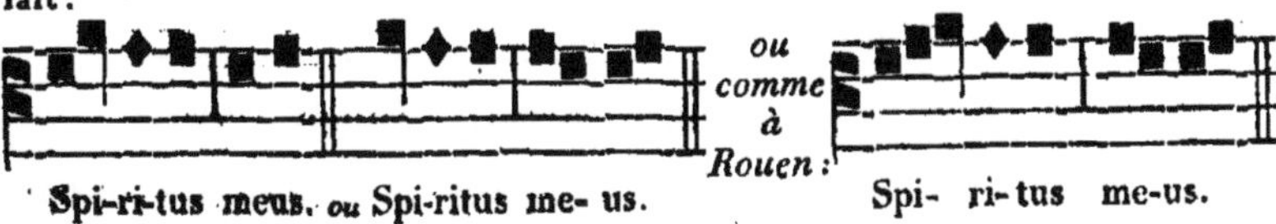

PSALMODIE DU 8.e MODE.

Ce mode n'a aussi qu'une espèce de psalmodie en G, parce que sa finale est *sol*; il a en outre plusieurs autres terminaisons incomplètes et une plus que complète en F.

Psalmodie du 8.e *mode en* G.

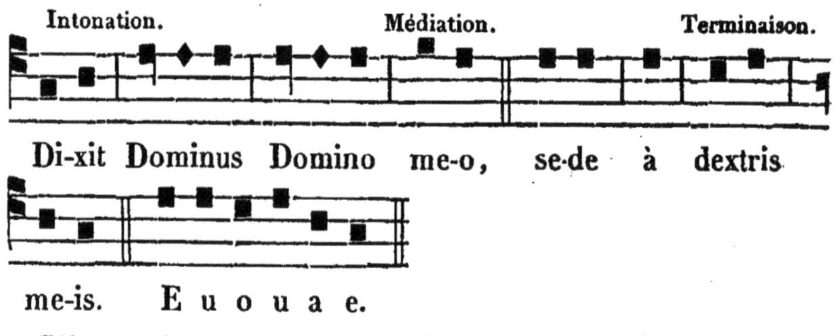

L'intonation n'est pas liée; ainsi on pourra chanter :

Confi-te-bor. Credi-di. In e- xi-tu.

Les monosyllabes et les mots hébreux indéclinables de la médiation se font ainsi :

Locu-tus sum. Domine David. Super vos.

Les Cantiques évangéliques ont dans ce mode une intonation et une médiation particulières, qui ressemblent à celle du deuxième mode.

Be-ne-dic-tus Domi-nus De-us Is- ra-el. Ma-gni- fi- cat.
Nunc di-mit-tis ser- vum tu-um Do-mine.
Ma- gna qui potens est.

Quod pa- ras-ti. De-po-su- it. Susce-pit.
E-su- ri- en- tes.

Les monosyllables et les mots hébreux ne changent point la psalmodie des Cantiques.

Terminaisons de la psalmodie du 8.ᵉ mode.

Les deux premières de ces terminaisons sont solennelles, ainsi que la suivante :

Les deux autres sont simples.

Exemples de brèves et monosyllables à la terminaison.

Protector e- orum est. Conversus est retrorsum. Ordi-

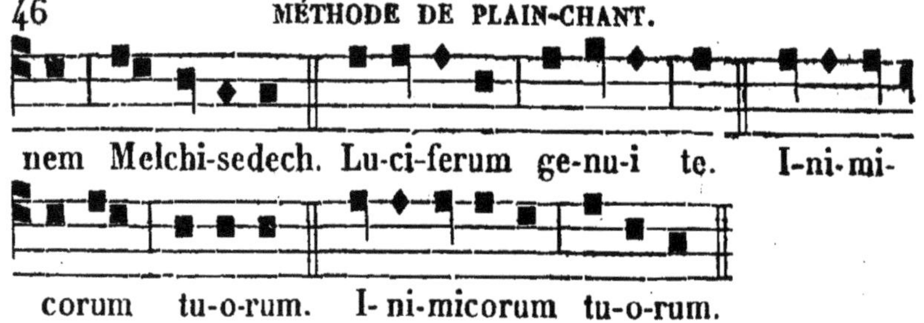

APPENDICE SUR L'IMPOSITION DES ANTIENNES.

Dans le chant de Beauvais, l'imposition des antiennes avant l'intonation d'un psaume et même l'intonation des autres pièces de plain-chant, se désignent par l'addition de quelques notes. On appelle cette addition de notes et ce repos *cadence* ou *périélèse*.

Les périélèses peuvent se faire de trois façons : 1° par *circonvolution;* 2° par *intercidence* ou *diaptose;* 3° par simple *duplication*.

La *circonvolution* est la manière la plus commune et la plus usitée ; elle se fait en ajoutant avant la note qui termine l'intonation une note au-dessus et deux notes au-dessous, qui se lient à cette dernière note du mot, ce qui fait comme un contour avant de toucher cette dernière note, et ce contour est toujours une tierce majeure ou mineure, suivant les cordes sur lesquelles elle tombe.

Exemples.

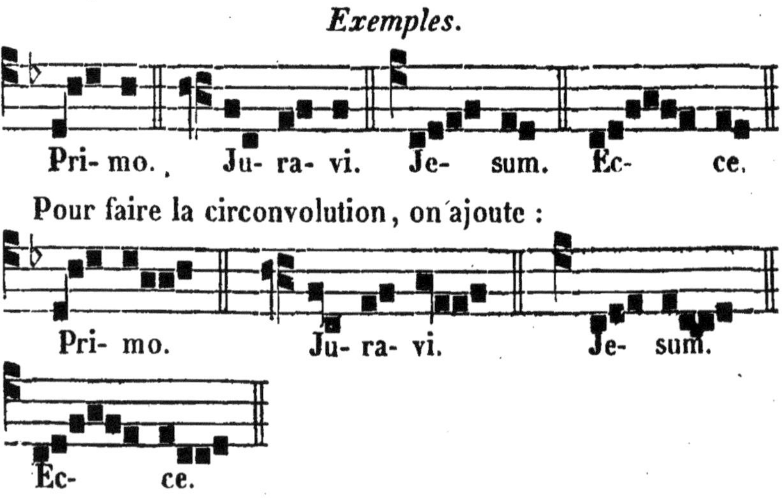

Les périélèses par *intercidence* ou *diaptose* se font en ajoutant, après la dernière note du mot qui finit l'intonation, deux notes au-dessous, jointes à cette dernière note répétée une seconde fois.

Exemples.

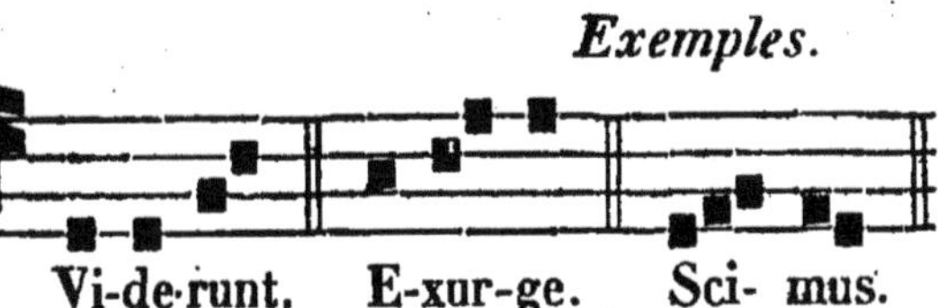

Pour faire la périélèse par intercidence, on ajoute :

Les périélèses par *duplication* se font en doublant simplement la pénultième note du mot qui finit l'intonation, sans rien changer.

Exemples.

Pour faire la périélèse par duplication, on ajoute :

Dans le chant de Beauvais, les périélèses par circonvolution sont les seules usitées dans les intonations des morceaux de chant et les impositions des antiennes, si l'on excepte l'office des morts et l'office des trois derniers jours de la semaine sainte, où les intonations et impositions ne se font que par simple duplication.

Sur quelle note doit finir le mot de l'intonation ou de l'imposition?

D'abord pour l'intonation par simple duplication il n'y a

pas de difficulté; elle se chante simplement comme elle est notée, en doublant seulement la note pénultième.

Mais pour la circonvolution il faut un peu plus d'attention. Voici les règles à suivre : d'abord si l'on a la note sous les yeux, il faut la suivre; qu'on l'ait ou qu'on ne l'ait pas, il faut tâcher de tomber ou sur la dominante du mode ou sur sa finale, selon les circonstances; et quelquefois on est obligé, pour bien opérer cette chûte, d'ajouter quelques notes à celles qui sont marquées, ou d'en retrancher; des exemples feront mieux comprendre comment il faut faire.

Exemples.

Mots à donner en intonation ou en imposition.

Voici comme on fera la périélèse par circonvolution, en tombant sur la dominante ou sur la finale, selon que la modulation se prête à l'une ou à l'autre chûte.

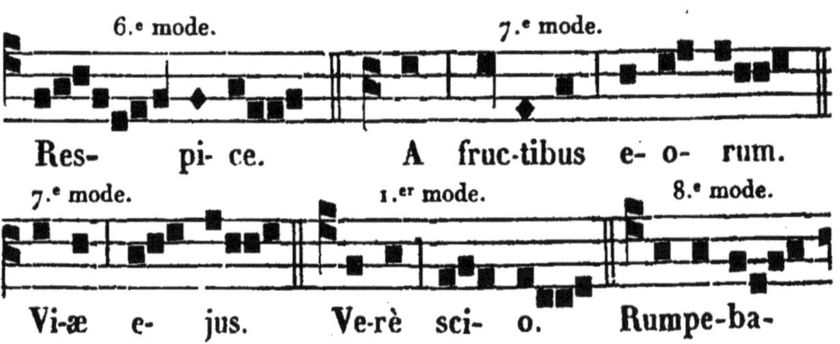

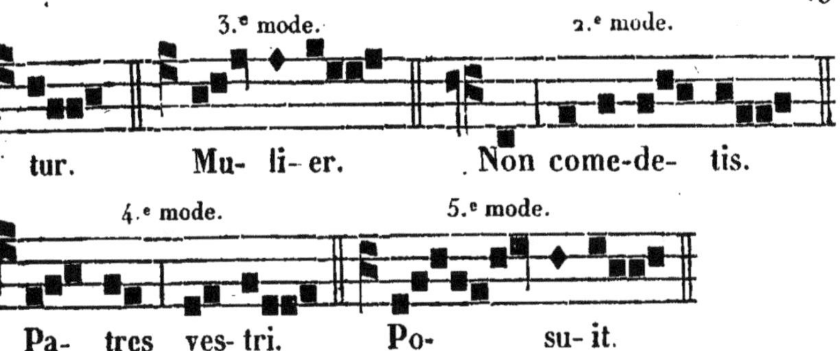

Il y a encore une autre règle importante à observer dans l'imposition des antiennes. Comme dans la psalmodie, on doit conserver toujours l'unisson pour les dominantes des différens psaumes, il serait ridicule et de mauvais goût de donner une imposition dont le ton ne s'accorderait pas avec la dominante de la psalmodie. Si l'imposition finit sur la dominante du mode, il faut donc tâcher de faire accorder cette dominante avec l'unisson de la psalmodie, et si elle finit sur la finale, il faut que de cette finale on arrive naturellement à la dominante de la psalmodie. Ainsi, supposant que l'unisson de la psalmodie est *la*, si l'on impose une antienne du septième mode qui finit sur la dominante *ré*, il faut que ce *ré* réponde au *la* unisson; et si l'imposition finit sur la finale *sol*, il faut que ce *sol* réponde au *ré*, une quinte au-dessous de l'unisson *la;* ainsi des autres modes. Pour bien exécuter cette règle, il faut de l'étude et un long exercice.

Dans l'imposition d'une antienne, il faut aussi éviter de séparer deux mots qui doivent être unis; par exemple, de dire : *Omne quod*, *nos qui*, *immobilis in*....

DU FAUX-BOURDON. — DU CONTRE-POINT.

Le faux-bourdon est une psalmodie harmonieuse composée de quatre parties. La partie la plus grave s'appelle *basse*, le chant de la psalmodie s'appelle la *taille*, la plus haute partie s'appelle *dessus*, et celle qui tient le milieu, entre la *taille* et le *dessus*, s'appelle *haute-contre*.

Nous répétons ici que dans la psalmodie avec faux-bourdons la médiation est toujours uniforme, même dans les Cantiques, et que l'intonation ne se répète à aucun verset. La raison en est simple : c'est que si l'on change la disposition des notes, on trouble l'harmonie qui résulte de l'ensemble des tons des diverses parties ; par la même raison, il est rigoureusement nécessaire dans la psalmodie avec faux-bourdons qu'il y ait un ensemble parfait ; car il est clair que si une partie qui doit donner le ton d'*ut*, donne un autre ton, par exemple *si* ou *ré*, l'accord est troublé et tout l'effet détruit. Cela est assez facile quand toutes les parties changent en même tems de corde à la médiante et à la terminaison; mais quand une ou deux parties, pour préparer l'accord suivant, vont en avant d'une note ou deux, il faut beaucoup plus d'attention. C'est donc un travail utile que celui qui a eu pour but d'indiquer à chaque partie, par des chiffres, sur quelle syllabe elle doit changer de corde, soit à la médiation, soit à la terminaison. Par ce moyen, un enfant, tant soit peu attentif, ne peut point se tromper. Nous renvoyons à ce petit ouvrage nos lecteurs qui sont amateurs des faux-bourdons.

Le faux-bourdon est d'une invention assez moderne, du moins tel qu'il est aujourd'hui. Il n'est pas moins vrai qu'il produit un effet admirable quand il est exécuté avec justesse, avec ensemble et avec des voix nombreuses. Il faut aussi qu'il soit pris sur un ton qui convienne à chaque partie, qui ne soit ni trop haut ni trop bas. En prenant toujours le chant sur le ton de *la*, pris pour unission dans les faux-bourdons de chaque mode, chaque partie peut se faire facilement.

Le *contre-point* est encore une autre espèce d'harmonie dans le plain-chant; mais il s'applique à d'autres pièces, telles qu'un répons, une antienne, etc. Le *contre-point* est une composition à deux ou plusieurs parties différentes, adaptées à un sujet donné. Le sujet peut être à la taille, ou à quelqu'autre partie supérieure, et l'on dit alors que le *contre-point* est sous le sujet; mais il est ordinairement à la basse, ce qui met le sujet sous le *contre-point*. Quand le *contre-point* est syllabique, ou note sur note, on l'appelle *contre-point simple; contre-point figuré*, quand il s'y trouve différentes figures ou valeurs de notes, qu'on y fait des fugues, des imitations. On sent bien que tout cela ne peut se faire qu'à l'aide de la mesure, et que ce plain-chant devient alors une véritable musique. Une composition faite et exécutée ainsi sur-le-champ et sans préparation sur un sujet donné, s'appelle *chant sur le livre.*

Le chant sur le livre demande beaucoup de science, d'habileté et d'oreille dans ceux qui l'exécutent. Il y a des musiciens d'église, si versés dans cette sorte de chant, qu'ils ne font jamais de faute d'harmonie et ne confondent point les parties; mais il y en a beaucoup d'autres qui n'inspirent que le dégoût et l'ennui à ceux qui les entendent.

Le *contre-point* s'appelle ainsi, parce qu'autrefois les notes étaient de simples points, et qu'en composant à plusieurs parties, on plaçait ces points l'un sur l'autre, ou l'un contre l'autre.

Le contre-point, dans l'origine, ne consistait que dans une minutie à laquelle on attachait une grande importance. A la fin de l'*Alleluia*, au commencement des versets, des *Alleluia* et des répons, à certains endroits dans le cours de ces versets et à la fin, on faisait, comme on fait encore aujourd'hui, une périélèse par circonvolution; et tandis qu'un chantre faisait les notes de dessous, un autre chantre faisait les notes correspondantes à la tierce au-dessus: de sorte que si un chantre faisait *ut*, *ré*, *si*, *ut*, l'autre faisait *ut*, *ré*, *ré*, *ût*. Il y avait quelquefois quatre chantres pour exécuter ces accords, et les deux autres faisaient les mêmes parties, mais à la haute-contre au-dessus: c'est ce qu'on appella d'abord du chant organisé, ou l'organisation du plain-chant; s'il n'y avait que deux voix, c'était l'*organum duplum;* s'il y en avait trois, c'était l'*organum triplum;* s'il y en avait quatre, c'était l'*organum quadruplum;* c'est là aussi ce qu'on appela des machicotages, et les ecclésiastiques qui les exécutaient s'appelaient machicots.

Plus tard, l'organisation prit des développemens; on multiplia les accords; on les fit non seulement à la tierce, mais à la quinte, à l'octave, et dans tout le cours d'un morceau; ce fut alors le *déchant, discantus*, qui est à-peu-près la même chose que notre contre-point d'aujourd'hui et d'où les faux-bourdons tirent leur origine. On abusa du déchant au point de défigurer les morceaux de chant pour le rendre plus facile, et un Pape, Jean XXII, lança une bulle pour condamner ces abus, et restreindre le déchant dans de justes bornes. C'est une leçon pour le contre-point.

Les périélèses par circonvolution tirent leur origine de

l'organisation du plain-chant. Dans quelques églises on en a laissé une infinité, qui ne font que rendre le chant plus entortillé et plus gêné; elles ne doivent maintenant servir qu'à indiquer à l'une et à l'autre partie du chœur qu'il faut reprendre le chant à un certain endroit, ou qu'il faut entonner un psaume.

DES NEUMES.

Neume vient d'un mot grec qui signifie souffle, respiration, une suite ou un port de voix; il répond au mot latin *jubilatio;* car « la jubilation, dit saint Augustin, n'est autre chose qu'un » son de voix sans paroles..... les paroles nous manquent; » que nous reste-t-il donc que de nous laisser aller à la jubi» lation, afin que le cœur se réjouisse sans paroles, et que l'é» tendue de la charité ne soit pas restreinte par des syllabes? » Tel est le sens spirituel des neumes.

Les neumes sont une série de notes sans paroles que l'on ajoute à la fin des *Alleluia* et des antiennes à certaines fêtes. Il y en a de propres à chacun des huit modes, dont ils expriment la tournure et les modulations principales.

Dans l'église de Beauvais, les *Alleluia* avant et après le verset sont toujours suivis d'une neume, à moins qu'il y ait une prose, car alors la prose sert de neume, et c'est pour cela qu'elle s'appelle *sequentia.* Les Graduels sont aussi ordinairement terminés par une longue suite de notes qui fait une neume propre à chaque mode; on la répète à la fin du verset. Les antiennes n'ont les honneurs des neumes qu'aux fêtes solennelles et au-dessus, et il n'y a que la dernière antienne des Vêpres, celle des Cantiques, la dernière de chaque Nocturne, la dernière des Laudes et celle de chaque Petite-Heure.

On trouvera les neumes à la fin des Exercices.

CHAPITRE 6.

NOTIONS MUSICALES.

Avant de parler du plain-chant figuré ou mesuré, il sera utile de donner les notions élémentaires de la musique.

La musique se compose des mêmes élémens que le plain-chant, c'est-à-dire de notes, de clefs, de signes accidentels, etc. Dans l'origine, elle ne fut point distinguée du plain-chant; mais vers le douzième siècle, et depuis encore, elle a pris des développemens considérables, et s'est formé un système à part.

D'abord, la mesure en fait l'élément le plus essentiel. On entend par là, la division du temps en plusieurs parties égales; ces diverses parties s'appellent *temps*. Il y a trois sortes de mesures, la mesure à 4 temps; la mesure à 3 temps, et la mesure à 2 temps.

Elles se battent ainsi, par le mouvement de la main droite :

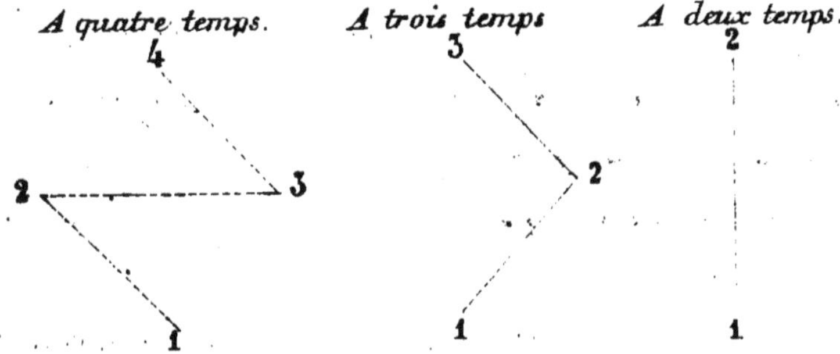

Le chiffre 1 marque le premier temps; le chiffre 2 marque le deuxième temps, etc.; il faut toujours diriger la main droite du côté où se trouve le chiffre; à droite, s'il est à droite; à gauche, s'il est a gauche; en haut, s'il est en haut. Quand on a fini une mesure, on recommence en bas de nouveau, comme à la première, et toujours de même, en observant bien de faire les temps égaux. Il est important de s'exercer beaucoup à battre la mesure, afin de s'habituer à la suivre, comme naturellement. La mesure à 4 temps s'indique par un C placé après la clef; la mesure à 3 temps par un 3, et la mesure à 2 temps par un 2 ou par ₵; ces mesures sont les principales, mais elles ont des subdivisions que nous ferons connaître plus bas.

La réunion des deux, ou trois, ou quatre temps, forme une mesure, et chaque mesure est remplie par une ou plusieurs notes qui ont diverses figures servant à indiquer leur valeur.

La note qui a le plus de valeur en musique, c'est la ronde, elle vaut quatre temps; ensuite c'est la blanche, qui ne diffère de la ronde que parce qu'elle a une queue; elle vaut deux temps; ensuite c'est la noire, qui vaut un temps; puis la croche, qui ne vaut que la moitié de la noire; la double croche, qui ne vaut que la moitié de la croche; enfin les triples croches, les quadruples.

Voici le tableau de leurs valeurs comparatives.

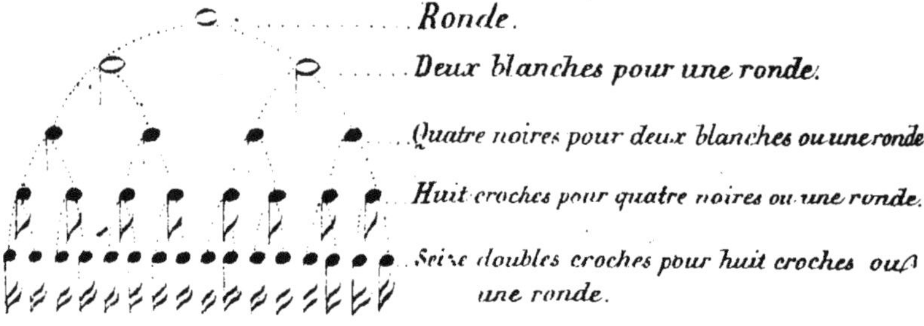

Et ainsi de suite, 32 triples croches pour une ronde, et 64 quadruples croches pour une ronde.

Les croches qui doivent se joindre sur la même syllable, se font ainsi: , et les doubles croches:

Un point placé après une note augmente la note qui le précède de la moitié de sa valeur.

Silences. Il y a, dans la musique, autant de silences que de valeurs de notes; ces silences sont des signes qui indiquent qu'il faut cesser de chanter pendant la durée qu'ils représentent.

Figures des silences.

Ronde.	Blanche.	Noire.	Croche.	doub. Croch.	trip. Croch.
4 temps.	2 temps.	1 temps.	1/2 temps.	1/4 de temps.	1/8 de temps.

Les subdivisions des principales mesures sont, pour la mesure à 4 temps, la mesure à $^{12}/_{4}$, $^{12}/_{8}$, $^{12}/_{16}$; pour la mesure à 2 temps, la mesure à $^{3}/_{2}$, $^{3}/_{4}$, $^{9}/_{4}$, $^{3}/_{8}$, $^{3}/_{16}$, $^{9}/_{8}$; pour la mesure à 2 temps, la mesure à $^{2}/_{4}$, $^{6}/_{4}$, $^{6}/_{8}$, $^{6}/_{16}$.

Il faut considérer ces chiffres comme des fractions ordinaires. Le chiffre inférieur, qui est le dénominateur, marque la valeur de la note, prise relativement à la ronde; et le chiffre supérieur marque le nombre de notes de cette valeur qu'il faut mettre dans chaque mesure. Par cette règle, on voit qu'il faut trois blanches pour remplir une mesure au signe $^{3}/_{2}$; deux noires pour celle au signe $^{2}/_{4}$; trois croches pour celle au signe $^{3}/_{8}$, etc. La mesure à $^{6}/_{8}$ et à $^{12}/_{8}$ sont composées de triolets ou de notes équivalentes. Les *triolets* sont un assemblage de trois notes, qu'il faut faire dans un seul temps; il y a ordinairement un 3 marqué sur la seconde, pour indiquer le triolet.

Dans la musique, on se sert de cinq lignes pour placer les notes. Chaque mesure est séparée par un trait perpendiculaire.

Les Clefs usitées, sont les Clefs de *Sol*, d'*Ut*, et de *Fa*. La première, qui est la plus ordinaire, est faite ainsi: 𝄞 sol la Clef d'*Ut* se fait ainsi: 𝄡 ut 𝄡 ut elle se place sur toutes les lignes indifféremment; et la Clef de *Fa* ainsi: 𝄢 Fa; elle ne se place guère que sur la quatrième ligne.

Les Bémols, les Béquarres et les Dièses ont la même valeur que dans le plain-chant; pour la forme le dièse seul est différent, il se fait ainsi: ♯

Mais on fait de ces signes un usage bien plus fréquent dans la musique que dans le plain-chant.

On voit souvent dans les pièces de musique, après la clef, un ou plusieurs dièses ou bémols ; ce sont eux qui caractérisent le mode dans lequel le morceau est composé, car les modes de la musique sont formés sur d'autres bases que ceux du plain-chant.

Modes de la musique. La propriété qu'a la gamme majeure d'*ut* de se diviser en deux tétracordes semblables, a servi de base au système musical. On vit qu'en renversant cette gamme, on aurait, moyennant un léger changement, une gamme parfaitement ressemblante.

Ce changement consistait à déplacer le demi-ton du second tétracorde, entre la sixième et la septième, et à l'élever d'un degré plus haut. C'est ce que l'on fit au moyen d'un dièse, et on eut cette gamme :

En renversant encore cette dernière, et élevant la septième d'un demi-ton, au moyen d'un second dièse, on eut cette autre gamme :

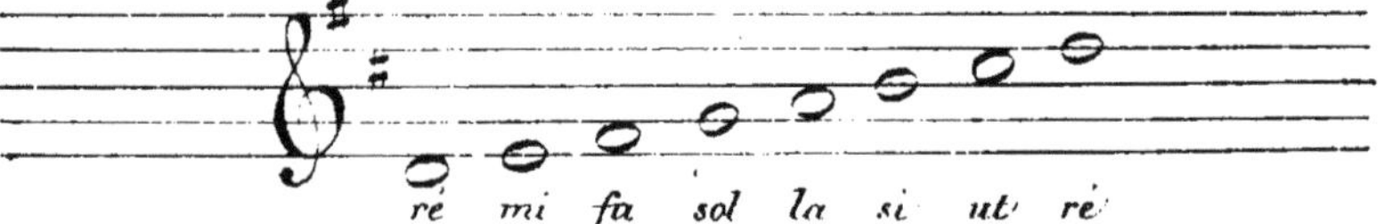

On continua cette opération sur les autres gammes, et on obtint le résultat suivant :

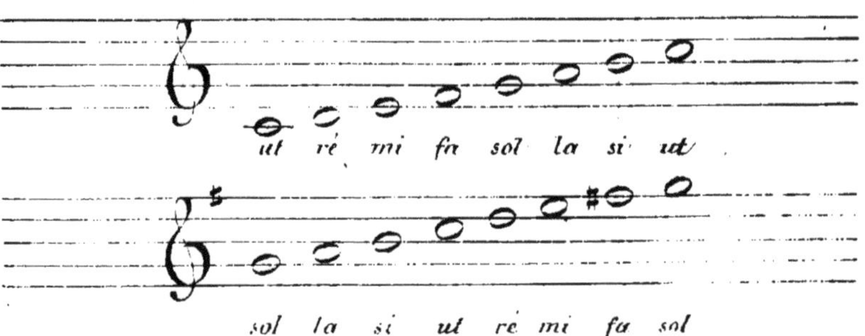

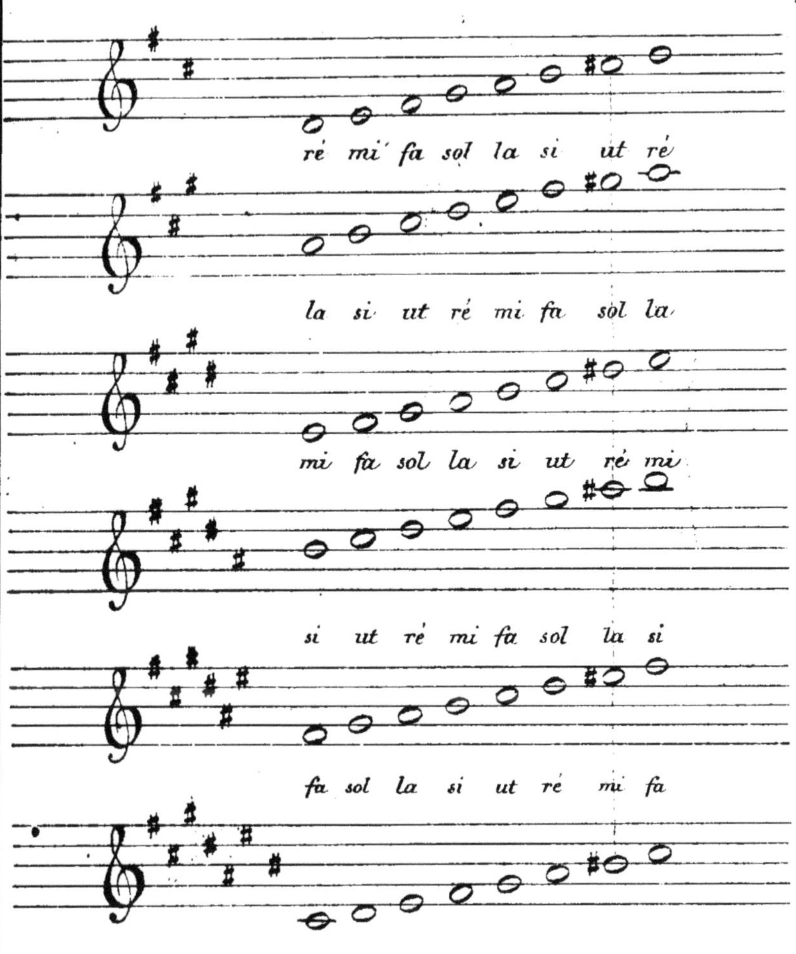

D'après ce tableau, on voit que les dièses affectent par ordre les notes suivantes : *fa*, *ut*, *sol*, *ré*, *la*, *mi*, *si*.

Donc, quand on verra un dièse après la clef on sera en sol, c'est-à-dire que les modulations seront sur la gamme de *sol* avec un dièse sur le *fa*, et que le *sol* sera la finale ou la tonique ; si l'on en voit deux, on sera en *ré ;* si l'on en voit trois, on sera en *la*, etc.

De même que les dièses, les bémols forment aussi de nouvelles gammes ; mais au lieu que les dièses sont placés de quinte en quinte en montant, les bémols sont placés de quinte en quinte en descendant.

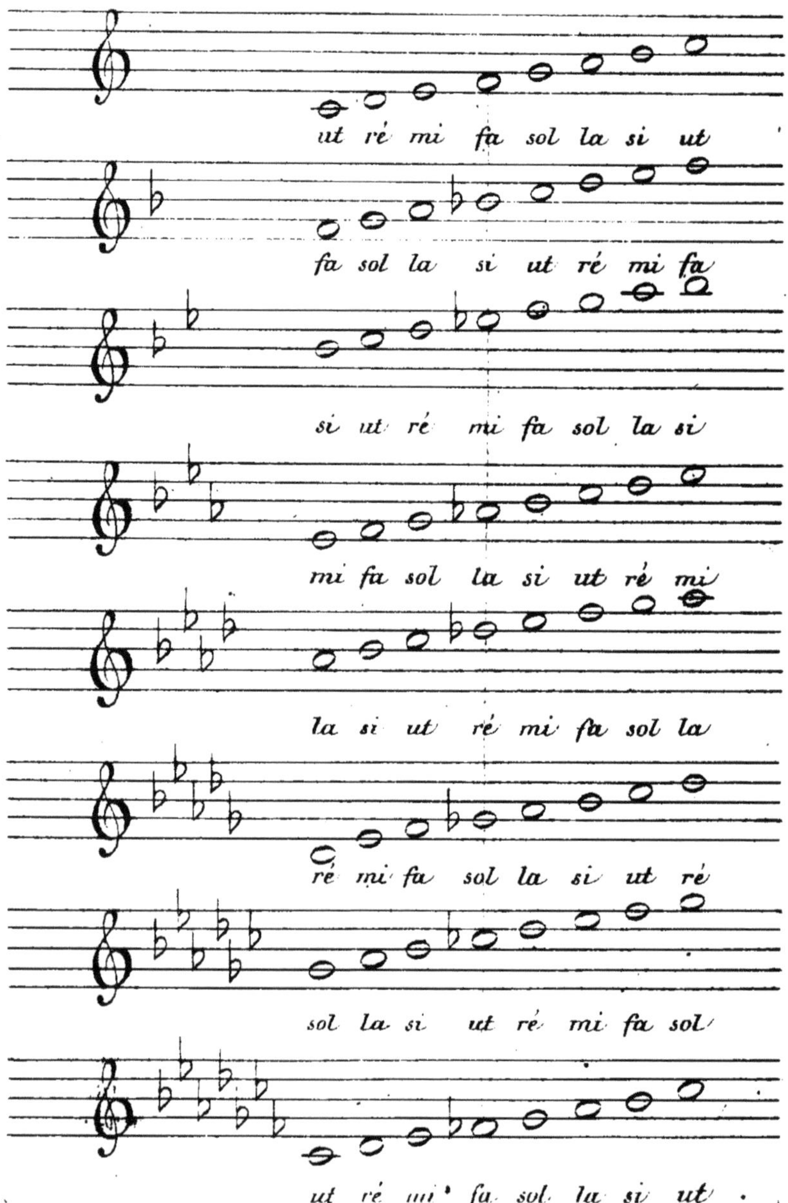

On voit que tous les bémols viennent se placer successivement de quinte en quinte sous la note *fa*, leur type commun, dans cet ordre : *si*, *mi*, *la*, *ré*, *sol*, *ut*, *fa*. C'est l'ordre des dièses renversé.

Donc, quand on verra un bémol après la clef, on sera en *fa*, c'est-à-dire que les modulations seront dans la gamme de *fa*, avec un bémol sur le *si*, et que *fa* sera la finale ou la tonique du morceau. S'il y en a deux, on sera en *si* bémol ; s'il y en a trois, on sera en *mi* bémol, etc.

Gammes majeures et mineures. Ces quinze gammes sont, comme on le voit, toutes dans le mode majeur, puisque la tierce est composée dans toutes de deux tons. Mais de plus, chacune de ces gammes a sa gamme mineure relative, qui se note toujours avec le même nombre de dièses et de bémols, mais qui cependant en diffère beaucoup. Cette gamme mineure a toujours pour tonique la seconde note au-dessous de la tonique du mode majeur. Ainsi le mode mineur relatif au mode d'*ut* majeur, a pour tonique *la ;* le mode mineur relatif au mode majeur *ré*, a pour tonique *si*, etc.

Ainsi chaque note de la gamme naturelle peut devenir, au moyen de dièses et de bémols, base ou tonique d'une gamme majeure ou mineure. Ainsi la gamme d'*ut* est majeure au naturel, et avec trois bémols, un sur le *mi*, l'autre sur le *si*, l'autre sur le *la*, elle sera mineure.

Il faut bien remarquer qu'une gamme mineure, dans la musique, ne se chante point comme la gamme majeure ; voici comme se fait une gamme mineure en montant et en descendant :

Ainsi la sixte et la septième s'élèvent d'un demi-ton en montant, et se baissent en descendant.

Un morceau de musique ayant la même armure à la clef (c'est-à-dire ayant le même nombre de dièses ou de bémols), peut donc être en majeur ou en mineur. Comme il est assez important d'être fixé là-dessus avant de l'exécuter, voici les moyens de reconnaître auquel des deux modes il appartient.

1° Voir si les premières modulations sont en majeur ou mineur, ou si la septième du mode mineur est affectée dans ces premières modulations d'un dièse ou d'un bémol, alors on serait en mineur;

2° Voir si les repos et cadences se font sur les notes essentielles du mode majeur ou mineur ;

3° Enfin, et c'est la marque la plus sûre et la plus facile, voir quelle est la finale ou le repos parfait du morceau; cette finale est presque toujours la tonique du mode.

DU PLAIN-CHANT MESURÉ OU MUSICAL.

Le plain-chant mesuré est celui dont les notes sont de différentes valeurs, et qui doit se chanter avec mesure. On l'appelle aussi *plain-chant musical*, parce qu'il se rapproche de la musique.

Ce n'est point qu'il n'y ait une certaine mesure dans tous les morceaux de plain-chant, mais cette mesure est plus uniforme, moins variée que dans le plain-chant musical. Par exemple, la mesure d'une hymne, d'une prose, est bien différente de celle d'un graduel, d'un répons. Dans ces morceaux la mesure est toujours binaire, et dans les autres elle est souvent *ternaire*.

Les différentes notes dont on se sert pour représenter les différentes valeurs, ont les noms et les figures suivantes : 1° les notes carrées à queues : ▮ ou ▮; 2.° les notes carrées communes : ■; 3.° les rhomboïdes : ◆; 4.° les losanges : ◆.

La note à queue vaut 4 temps, et équivaut à la ronde de la musique; la carrée vaut 2 temps; la rhomboïde 1 temps, et la losange ½ temps.

Voici leurs valeurs respectives :

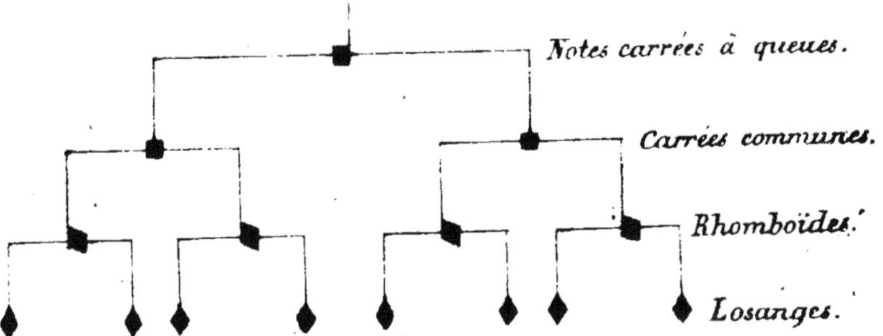

Ces figures se trouvent dans l'*Antiphonier* de Beauvais et dans le *Graduel;* mais on s'en est servi sans principes bien arrêtés, comme dans la plupart des églises. Tantôt on rencontre une note à queue pour une note carrée, tantôt une note carrée pour une brève; ce qu'il faut remarquer avec soin en chantant une hymne ou une prose, c'est qu'il y a souvent deux notes carrées liées ensemble sur la même syllabe, qu'il faut faire comme deux brèves.

Comme dans la musique, le point après une note dans le plain-chant figuré, augmente cette note de la moitié de sa valeur.

Avec ces différentes figures, il sera facile de noter des pièces de musique en plain-chant musical; on n'aura pour cela qu'à employer les notes dont les valeurs correspondront à celles de la musique; ainsi la note à queue remplacera la ronde; la carrée commune remplacera la blanche, etc.

Nous en donnerons des exemples dans les Exercices.

DU CHANT DES HYMNES ET DES PROSES.

La mesure à deux temps est celle qui est la plus ordinaire dans nos hymnes mesurées; car si l'on excepte *Creator alme siderum*, et *Chorus novæ Jerusalem*, il n'y en a guères à trois temps.

L'hymne *Ut queant laxis*, pour la fête de Saint-Jean-Baptiste; *Petre qui primi*, pour celle de Saint-Pierre, etc., sont mesurées à deux temps. Il faut, en les chantant, bien observer la mesure.

On doit savoir que lorsqu'il se rencontre dans un vers, une syllabe finissant par une voyelle ou par une *m*, et une autre au commencement d'un mot, commençant aussi par une voyelle ou une *h*, on ne prononce point la première syllabe, mais on fait ce qu'on appelle une élision. Exemples : *ipso in fonte videbimus*, il faut chanter : *ips-in fonte videbimus. Infunde amorem cordibus; infund-amorem cordibus. Cœli lucem habitabimus; cœli luc-habitabimus.* Il faut observer aussi que le mot *cui* forme tantôt deux syllabes et tantôt n'en forme qu'une.

Les proses sont toutes mesurées à trois temps dans notre *Graduel;* cependant, quand il n'y a que des notes carrées communes, on doit prendre la mesure à deux temps. Exemples : la prose de la Dédicace, la fin de celle de Saint-Lucien, et de beaucoup d'autres proses. On y observera les élisions, comme dans le chant des hymnes.

MÉTHODE DE SERPENT.

L'usage de jouer du serpent dans les églises n'est pas très-ancien ; il ne remonte guère au-delà du seizième siècle, et il éprouva de grandes difficultés pour s'établir dans certaines églises. Aujourd'hui il est admis à-peu-près partout.

Cet instrument, quand il est bien touché, donne de la régularité, de la dignité et de la solennité aux offices, et soutient les voix en les soulageant. Il serait donc à désirer qu'il fût plus répandu, mais surtout qu'il fût joué avec goût, avec justesse et avec gravité; car il est pitoyable, pour ne rien dire de plus, d'entendre certains *serpens*, qui semblent prendre à tâche de ne faire que du tapage, qui ne donnent que des sons faux, dissonans, ou d'une dûreté telle que l'oreille la plus robuste a peine à les supporter, et qui dérangent plutôt le chant qu'ils ne le dirigent. Nous allons donner des principes, à l'aide desquels on pourra éviter ces défauts, contraires à la gravité et à la dignité de l'office divin.

On peut distinguer trois sortes de serpens aujourd'hui en usage dans diverses églises : d'abord le serpent noir, qui est le serpent proprement dit, et le seul dont on se servait il y a quelques années ; en outre, le serpent en forme de basson, appelé *ophimonocléide*, de trois mots grecs qui veulent dire serpent à une seule clef; ce serpent a une clef qui rend son usage préférable au premier; enfin, il y a l'*ophicléide*, c'est-à-dire le serpent à clefs : il est toujours en cuivre et armé d'un grand nombre de clefs qui rendent son usage un peu difficile.

De ces trois serpens, le plus commode, le plus convenable pour l'église c'est, sans contredit, l'ophimonocléide ; c'est aussi celui qui est le plus en usage. Le serpent noir a l'inconvénient d'avoir les sons un peu sourds et ne se prête point facilement aux dièses, faute de clef. L'ophicléïde, au contraire, a les sons trop bruyans et trop éclatans ; il convient mieux à une musique militaire qu'à un lutrin d'église, surtout à ces lutrins d'églises de campagne, souvent peu garnis de chantres et de bonnes voix.

Les ophimonocléïdes à pompe sont les plus commodes quand ils sont bien conditionnés du reste ; ils ont cet avantage qu'on peut les élever et les baisser d'un demi-ton ou plus, et dispensent ainsi des embarras de la transposition qui est souvent nécessaire, soit pour la portée des voix, soit à cause d'un second instrument avec lequel on n'est point parfaitement d'accord.

Pour bien jouer le serpent, il faut être muni d'une embouchure bien conditionnée ; pour être telle, il faut qu'elle ne soit ni trop étroite ni trop large, cependant il vaut mieux qu'elle ait un peu plus de largeur et de profondeur ; les sons en seront plus moelleux et plus pleins ; ordinairement les embouchures sont en ivoire, mais le cuivre et l'argent sont préférables.

Le mouvement des lèvres, agitées par un peu d'air expiré des poumons, produit les sons. Il faut placer les lèvres au milieu de l'embouchure, et la lèvre inférieure doit seule être mobile. Pour former les sons graves, on lâche et on étend les lèvres, et pour les sons aigus, on les rétrécit ; on les pince d'autant plus fort que le son est plus aigu. On conçoit par conséquent qu'avec de grosses lèvres, il est difficile d'avoir une bonne embouchure de serpent.

Pour avoir une bonne embouchure, il n'est pas nécessaire de dépenser beaucoup de vent et d'épuiser ses poumons ; les lèvres en font beaucoup plus que les poumons ; il ne s'agit que de les bien faire manœuvrer ; on y parviendra par des essais et des efforts réitérés. Il n'est pas nécessaire non plus d'enfler les joues et de les bouffir ; cela est aussi ridicule qu'inutile.

Quand on a une bonne embouchure, on a tout le secret d'un bon jeu ; alors les sons sont faciles, doux, clairs, pleins et naturels. Une mauvaise embouchure ne donne que des sons maigres, sifflans, brouillés, incertains, durs, désagréables à l'oreille. Tous les efforts des commençans devront donc tendre à se procurer une bonne embouchure ; quelquefois on y parvient tout d'un coup, d'autres fois après des essais réitérés, quelquefois aussi on ne l'a jamais.

Quand on parviendra à tirer quelques sons du serpent, assez clairs et assez distinctifs, on s'essaiera sur le doigté de la gamme que nous exposons ci-contre.

Il est nécessaire d'avoir l'oreille bien juste pour jouer du serpent et de tout autre instrument à vent, car plusieurs notes se font par le même doigté, et c'est alors à l'oreille d'avertir si on saisit bien le ton.

La langue a aussi une grande importance dans le jeu du serpent; elle sert à distinguer les différentes notes du chant; dans les commencemens, il est bon de s'exercer à donner le coup de langue sur chaque note; mais ce n'est que pour l'exercice, car dans l'exécution on coule, autant que possible, les notes liées ensemble sur la même syllabe; et il est de mauvais goût de marteller, en jouant, toutes les notes, en tombant dessus avec force; ce qui n'est pourtant que trop commun. Les *ré* et les *la* surtout, qui résonnent mieux que les autres notes, font la gloire et le triomphe de nos *serpens* de campagne; ils jubilent quand, après avoir donné des sons très-faibles et très-maigres, ils font retentir un *ré* sonore dans toute l'église, ce qui émeut et distrait tous les assistans. N'est-il pas mille fois plus beau de jouer toujours avec modération, avec justesse, avec douceur, avec gravité? N'y a-t-il pas plus de mérite à donner toujours des sons égaux et agréables, qui satisfont l'oreille? Cela suppose qu'on a su dompter l'instrument par l'exercice, et qu'on s'en est rendu maître.

Pour le placement des doigts, pourvu que les trous soient parfaitement bouchés, voilà tout; chacun consultera ses commodités particulières; nous observerons seulement que les doigts doivent être à plat et non crochus et recourbés sur les trous; cela a mauvaise grâce, et les trous ne sont pas bien bouchés.

Un avis essentiel à donner à tous les *serpens*, mais surtout à ceux de la campagne, c'est qu'il faut jouer le plain-chant purement et simplement, tel qu'il est noté; tous ces fredons, toutes ces additions de notes superflues, sont du plus mauvais goût et souvent du plus parfait ridicule; elles défigurent le chant, au lieu de l'orner; elles gênent et dérangent le chœur, au lieu de le soulager et de le soutenir; elles troublent les assistans, au lieu de les porter au recueillement et à la prière ; enfin, souvent elles écorchent l'oreille au lieu de la réjouir. Point donc de ces enjolivemens perpétuels qui dénaturent le chant ; la simplicité, la modestie du jeu, la pureté, la clarté et la justesse des sons, voilà à quoi doit prétendre un *serpent*, et ce qui fera son mérite auprès des connaisseurs.

Par là, nous ne prétendons point interdire les accords avec le serpent ; que l'on fasse une basse bien juste dans un psaume, dans une hymne, dans un motet, rien de plus beau, rien qui relève mieux le chant de l'église ; c'est un des grands avantages que procure l'usage de cet instrument.

DES TRANSPOSITIONS.

La transposition est indispensable à un *serpent* qui joue dans un chœur de voix ; car s'il jouait toujours selon la notation, les voix ne pourraient point le suivre, et il n'y aurait ni unisson, ni uniformité dans le chant. Si, par exemple, il jouait un cinquième mode en *fa*, comme il est noté au naturel, les voix n'y pourraient atteindre ; si après un cinquième mode il jouait le deuxième, qui a son terme grave en *la*, il y aurait une bigarrure choquante ; et les voix, si elles pouvaient y atteindre, se porteraient alternativement aux extrémités du bas et du haut.

La transposition remédie à ces inconvéniens ; elle consiste à changer un mode en un autre mode semblable, au moyen d'une nouvelle clef armée des dièses et des bémols nécessaires pour former les tons et demi-tons, à la même place où ils sont dans le mode noté. La tonique (ou finale) du nouveau mode transposé doit être sur la même ligne que la tonique du mode à transposer.

La plupart des *serpens* ne suivent que la routine pour transposer ; ils savent que dans tel mode il faut donner tel ton sur telle note, pour la portée des voix, et ils font ensuite à-peu-près les demi-tons où ils se rencontrent. Mais aussi souvent ils se trompent ; ils ne donnent point le son convenable, ou ils manquent d'observer les demi-tons, et ce qui est presque inévitable, il n'y a point d'uniformité.

Pour bien opérer la transposition, outre qu'il faut beaucoup d'exercice et d'étude, il faut aussi se fixer sur son unisson.

Etablira-t-on l'unisson sur la dominante ou sur le terme grave de chaque mode? et quelle note prendra-t-on pour cet unisson?

Nous croyons que, si ce n'est dans la psalmodie, du reste, il vaut mieux établir l'unisson sur les termes graves de chaque mode que sur les dominantes, qui sont quelquefois à trop de distance l'une de l'autre; et c'est là l'avis du plus grand nombre. (*Voyez* ce que nous avons dit à l'art. de l'*Intonation.*)

Quant à la note à prendre pour unisson au terme grave de chaque mode, il faut consulter la portée générale des voix; ce sera tantôt *la*, tantôt *si*, tantôt *ut*, selon que les voix seront plus ou moins basses, ou selon la solennité que l'on voudra donner à l'office.

Si l'on choisit le *la*, le *serpent* devra donner *la* sur le *ré* d'en bas du premier ton; il jouera le deuxième ton au naturel; il donnera *la* sur *mi* au troisième; *ré* sur *mi* au quatrième, etc.

Or, voici un tableau qui présentera, pour chaque mode, les bémols et dièses à faire pour les transpositions en *la*, *si*, *ut* et *ré*.

Quand il n'a pas été possible de se servir d'une des clefs d'*ut* ou de *fa*, on s'est servi d'un G; la note qui y correspond est un *sol*.

1.er MODE.

Gamme au naturel.

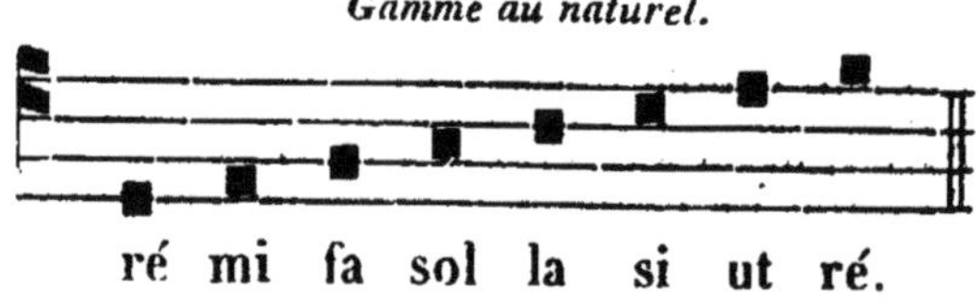

Transpositions

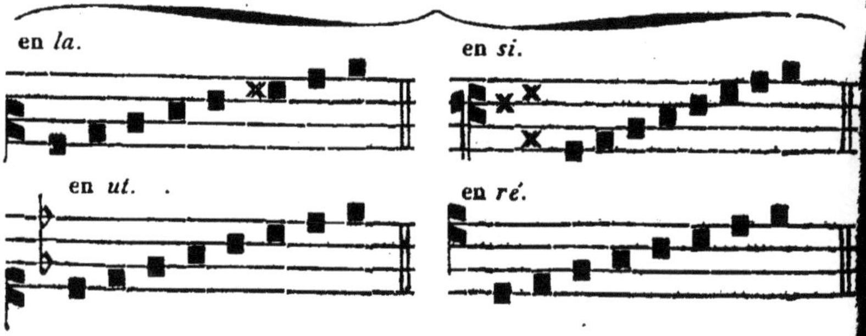

2.e MODE.

Gamme au naturel.

Transpositions

3.e MODE.

Gamme au naturel.

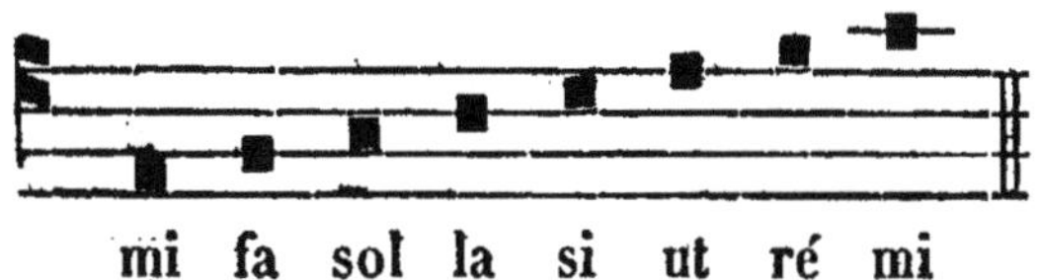

Transpositions

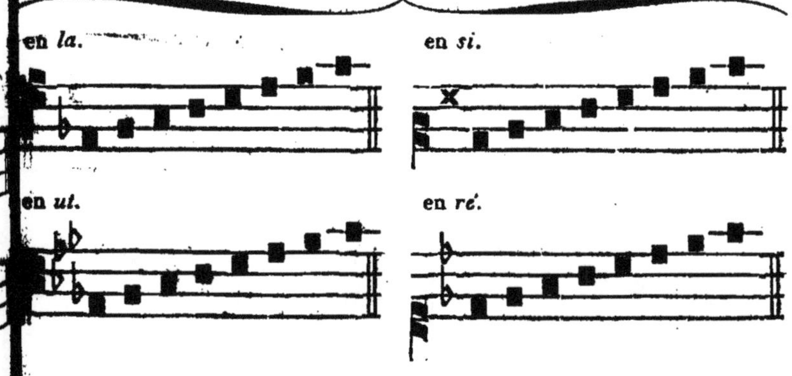

4.e MODE.

Gamme au naturel.

Transpositions

5.e MODE.

Gamme au naturel.

Transpositions

6.e MODE.

Gamme au naturel.

Transpositions

7.e MODE.

Gamme au naturel.

Transpositions

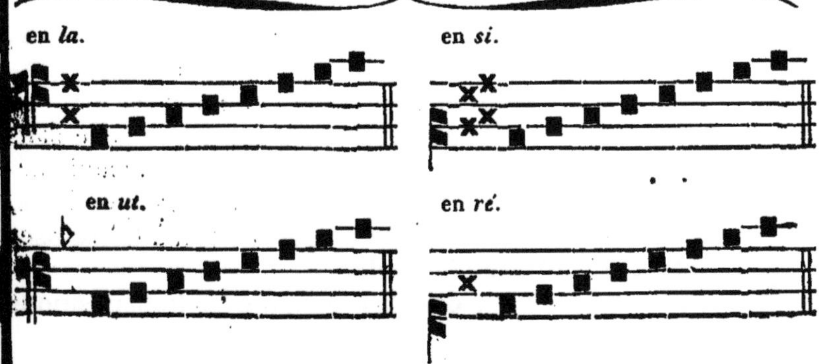

8.e MODE.

Gamme au naturel.

Transpositions

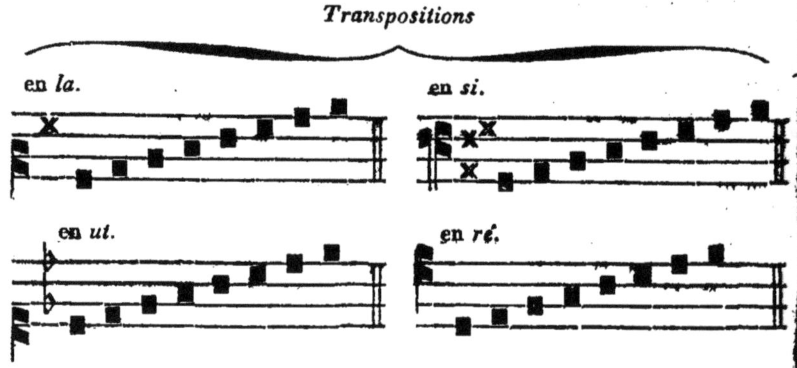

Observations sur les transpositions.

1° Quand le bémol est accidentel dans le naturel, la note de la clef transposée qui y correspond, suit les mêmes variations.

2° Quand on rencontrera des morceaux de chant déjà transposés, comme les modes irréguliers ou autres, pour la transposition, on suivra les principes indiqués ci-dessus.

3° Comme la transposition ne se fait point en écrivant, mais en exécutant, il faut se familiariser, à force d'exercices, avec toutes les transpositions ; on pourra commencer d'abord par solfier des morceaux sur une autre gamme que celle dans laquelle ils sont notés, en faisant les dièses et les bémols nécessaires. On leur fera subir toutes les transpositions possibles, et par l'habitude de cet exercice, on parviendra à transposer de mémoire avec une grande facilité.

Nous avons déjà dit que dans la psalmodie les transpositions doivent prendre une autre marche, puisque c'est sur les dominantes que l'unission doit s'établir; il serait difforme en effet de changer de dominante à chaque psaume.

Voici le tableau des transpositions à faire pour la psalmodie dans chaque mode, en supposant qu'on prend pour unisson des dominantes, *la*, *sol*, ou *fa* dièse.

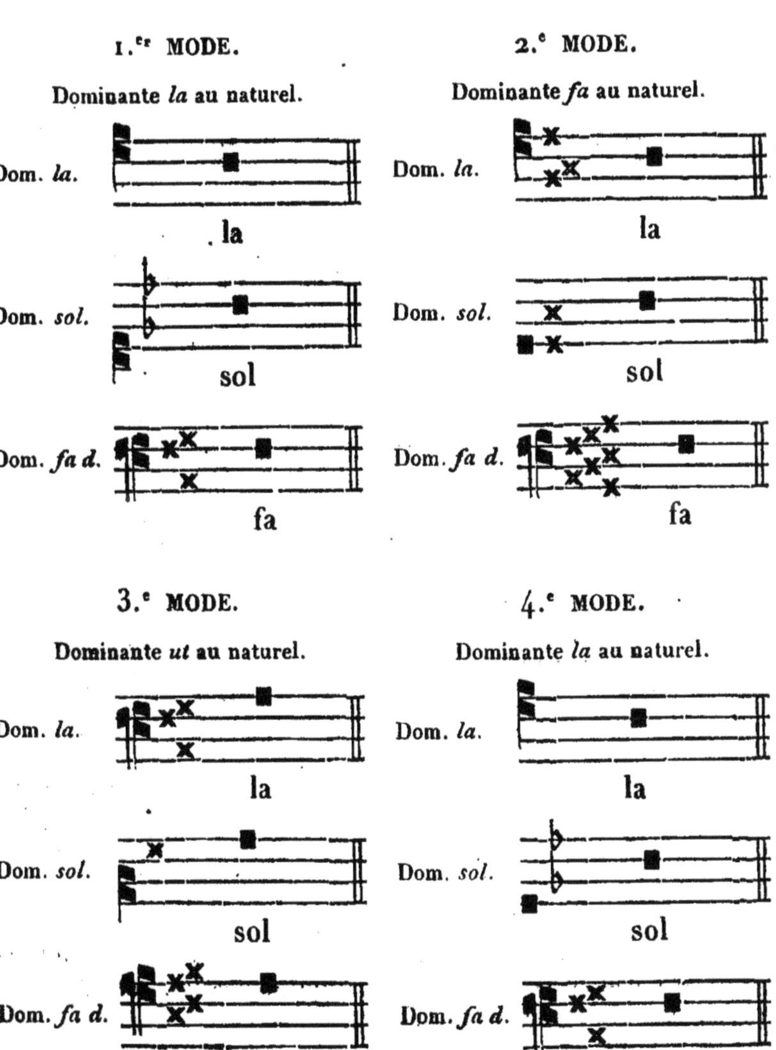

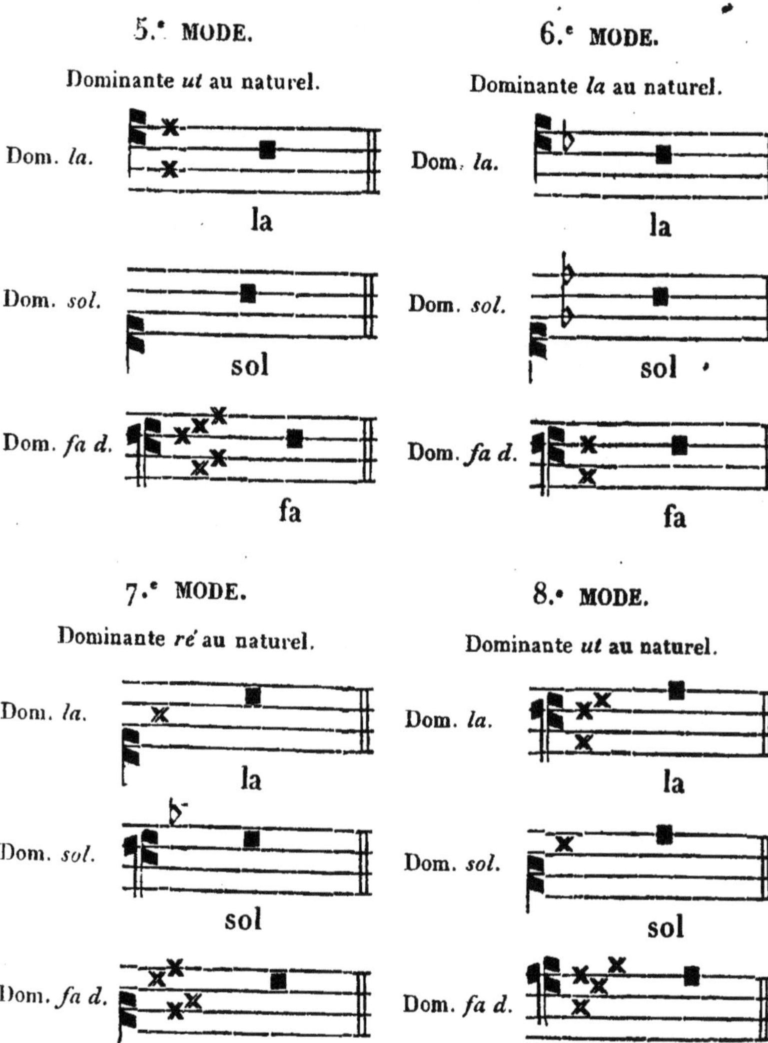

Voici un tableau où sont, par ordre, les changemens à faire pour les transpositions sur les dominantes *la*, *sol*, *fa* dièse et *fa* naturel de chaque mode.

Il sera très-utile de faire sur ces transpositions les mêmes exercices que nous avons indiqués pour les autres. Ainsi, on transposera tantôt en prenant *la* pour dominante, tantôt en prenant une autre note quelconque; on transposera d'abord en écrivant si l'on veut, puis en solfiant et enfin en exécutant; par ces exercices, continués avec persévérance, on acquerra une grande facilité pour la transposition.

AVIS

SUR LA MANIÈRE DE BIEN CHANTER.

En chantant, ne jamais forcer sa voix en poussant les sons avec effort, ne pas donner de coups de gosier, ni faire des mouvemens de lèvres et d'yeux ridicules ; rendre sa voix égale, et filer les sons avec mélodie et douceur ; ne point chanter avec mollesse et nonchalance, en ne remplissant point juste tous les intervalles en montant.

Le premier défaut fait monter et le second fait descendre la voix.

Chanter toujours avec mesure, c'est-à-dire ne point aller plus vite sur certaines notes que sur d'autres, ni à la fin d'un morceau plus qu'au commencement, mais conserver toujours le même mouvement. Un chant bien mesuré et bien modulé a toujours su plaire à tout le monde.

Moduler son chant, c'est lui donner de la grâce et de l'expression, en sorte que l'on fasse comprendre et sentir les différentes modulations du chant et ce qu'elles expriment ; et pour donner de la grâce à son chant, il n'est pas nécessaire de faire des tremblemens, des fredons ou des remplissages de notes, comme il n'est que trop commun, non plus que de donner à sa voix un ton affecté et prétentieux, qui paraît toujours ridicule et qui déplaît. Il faut chanter purement et simplement la note telle qu'elle est marquée, sans aucune addition ni tremblement, ni cadence, ni tâtonnement, mais la chanter avec mesure, avec une voix égale et naturelle, qui fasse ressortir les beautés du chant.

Une chose qui contribue beaucoup à la beauté du chant, c'est de savoir enfler les sons. Enfler les sons, c'est augmenter peu à peu et diminuer ensuite sa voix sur chaque son, comme cette figure l'indique :

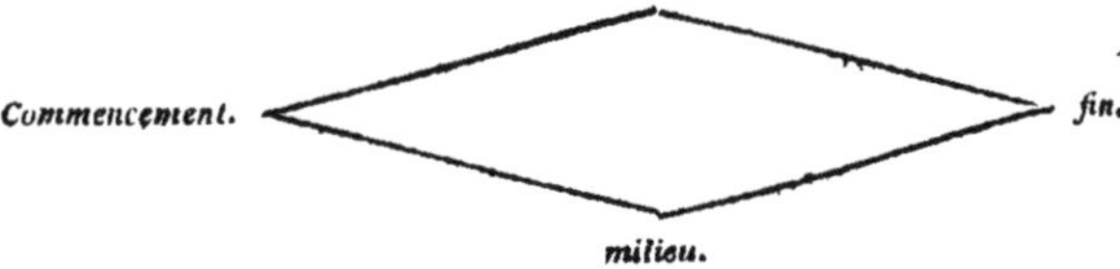

Mais ce renflement doit se faire sans aucune affectation et sans qu'il y paraisse, pour ainsi dire.

Du reste, il est des endroits dans certains morceaux de chant où la voix doit éclater plus fort : c'est quand il a une exclamation ou une image forte à rendre ; alors les sons doivent être plus volumineux et plus forts.

Prendre garde de donner à chaque note des coups de gosier, comme s'il y avait une *h* aspirée à exprimer, en faisant, par exemple, *ha, ha, ha;* mais couler et filer les sons d'une manière moelleuse et agréable à l'oreille.

Le mouvement que l'on prendra pour la mesure du chant devra être plus lent et plus grave dans les solennités que dans les offices inférieurs ; il devra être aussi plus lent dans certaines pièces que dans d'autres : par exemple, le Trait se chante plus vite, l'Offertoire, le *Sanctus* et l'*Agnus* se chantent plus lentement ; les autres pièces de la messe se chantent rondement, mais toujours avec une gravité proportionnée au rit de l'office.

La mesure du plain-chant est toujours celle à deux tems égaux. Lorsqu'on rencontre des notes brèves, on les coule dans un seul tems avec la note précédente ; cette note, qui est toujours une note à queue, n'est point dans ces cas là plus longue que les notes carrées. Cependant quand il y a deux brèves de suite, la note qui les précède vaut un tems plein et les deux brèves en forment un autre. L'instrument qui joue ne doit pas frapper trop fort sur les brèves, mais les couler doucement, ou quelquefois les effacer habilement.

Aux points qui sont placés après chaque modulation et aux ponctuations, il faut pauser et reprendre haleine; pour cela il serait bien de doubler la note qui le précède, d'où vient que dans les chants de certaines églises au lieu d'un point il y a une double note.

Quand la modulation est trop longue, on peut reprendre haleine, mais toujours sans interrompre la mesure et sans couper un mot en deux autant que possible.

Quand on chante en chœur, que toutes les voix soient toujours unies; que l'une ne devance pas l'autre, et que l'autre ne traîne pas derrière ; qu'on n'entende qu'un seul son. On parviendra là si l'on suit bien la mesure, et que l'on ne cherche pas à faire paraître sa voix par-dessus les autres ; car c'est là ce qui trouble ordinairement le bon ordre des lutrins ; l'un pour briller ralentira la mesure, reprendra son haleine de loin pour pousser avec plus de force, et se trouvera ainsi en arrière de l'autre; un autre, au contraire, pressera la mesure et ne donnera pas à l'autre le tems de reprendre haleine; il ne pausera pas où il faut. Il faut éviter avec soin ces deux défauts.

Il faut suivre une mesure, et pour cela il est bon de la battre, mais chacun ne doit pas avoir la sienne; c'est au chef du chœur à la donner, et tous doivent la suivre exactement. Il est inconvenant de battre du pied avec bruit, comme les ménétriers en battant la mesure.

Dans le chant des psaumes, avoir soin de toujours observer les médiantes, en y faisant une pause, et ne jamais commencer un verset que l'autre ne soit fini. Nous avons indiqué ailleurs les autres règles relatives à la psalmodie.

Dans les offices divins, tous les fidèles doivent chanter, autant qu'ils le peuvent, toujours en évitant de troubler et de déranger l'ordre. Rien de plus conforme à l'esprit de l'église; rien aussi de plus beau que ce concert de voix nombreuses qui semblent partir d'une seule bouche et qui s'élèvent en masse vers le Ciel. Cependant les voix puériles ne doivent point dominer au-dessus des autres; elles doivent s'adoucir et se modérer; car, si elles éclataient dans toute leur âcreté, on entendrait plutôt des cris et des hurlemens que des chants.

PRÉCIS HISTORIQUE

SUR LE CHANT ECCLÉSIASTIQUE.

Les anciens ne se servaient pas de notes pour figurer les sons. Pour exprimer les inflexions de la voix, ils avaient emprunté les sept premières lettres de l'alphabet, appelant la première note A, la seconde B, etc. ; les sept notes étaient donc représentées chez eux par ces lettres : A, B, C, D, E, F, G, 1.er octave.

Pour indiquer les sons plus élevés, on reprenait les mêmes lettres, mais on les écrivait en petits caractères, de cette sorte : a, b, c, d, e, f, g, 2.e octave.

Pour indiquer des sons encore plus hauts, on doublait ces petites lettres : aa, bb, cc, etc., 3.e octave.

Ces lettres se plaçaient au-dessus des syllabes ; elles étaient tracées horisontalement sur une même ligne, et correspondaient à ces syllabes.

On voit par là pourquoi l'on rencontre si souvent ces lettres dans les livres de chant et principalement dans l'*Antiphonier*, pour indiquer la dernière note de la terminaison d'une psalmodie. Voici en regard l'ancienne et nouvelle gamme :

A, B, C, D, E, F, G.
la, *si*, *ut*, *ré*, *mi*, *fa*, *sol*.

Modes. Les auteurs qui ont écrit sur la musique des anciens, ne s'accordent pas sur les modes, chacun fait son système à part; nous avons exposé dans le cours de la Méthode, celui qui est le plus généralement admis; mais en voici un autre qui paraît aussi bien fondé, et qui surtout est bien régulier.

Dans ce système, les sept notes de la gamme forment chacune une octave qui se divise de deux manières, en prenant pour dominante, ou la quarte, ou la quinte au-dessus de la tonique. Ainsi, dans la gamme de *ré*, la quinte *la* et la quarte *sol*, pouvant servir de corde essentielle ou de dominante, *ré*, *la*, *ré*; *ré*, *sol*, *ré*, on a deux gammes différentes pour moduler. La première division par la quinte s'appelle *division harmonique*; et la seconde par la quarte, *division arithmétique*.

En divisant ainsi toutes les gammes, on aurait eu quatorze octaves; mais celles de *si*, *fa*, *si*, et *fa*, *si*, *fa*, étant bâtardes et fausses, on les a rejetées, et il n'en est resté que douze; et ces douze octaves constituaient autant de modes.

Ces modes avaient tous des dénominations particulières, tirées du pays où ils prirent naissance. Ainsi, le premier s'appelait *hyperdorien*, ou dorien; le second, *hypodorien*, ou sous-dorien; le troisième, *phrygien*; le quatrième, *hypo-phrygien*; le cinquième, *lydien*; le sixième, *hypo-lydien*; le septième, *myxolydien*; le huitième, *hypo-myxolydien*; le neuvième, *éolien*; le dixième, *hypo-éolien*; le onzième, *ionien*; le douzième, *hypo-ionien*.

Les partisans de ce système disent que les modernes n'ont pas adopté plusieurs de ces modes, parce qu'ils avaient trop de ressemblance avec d'autres, et voilà pourquoi aujourd'hui il n'y en a que huit.

Jusqu'au temps de saint Grégoire-le-Grand, il n'y eut rien de fixe dans le chant d'église ; car saint Ambroise n'avait réglé que ce qui concernait la psalmodie dans son église. Mais saint Grégoire fit une collection des plus beaux chants d'hymnes, d'antiennes et de répons alors en usage, et en composa son *Antiphonarium centonem*. On ne croit pas que ce pape ait lui-même composé ses pièces de chant; mais il avait un grand zèle pour cette partie de la liturgie catholique. Il est regardé par quelques-uns comme l'inventeur des quatre modes plagaux; c'est à lui que l'on doit la régularisation du chant d'église, que l'on appela dès-lors *chant grégorien* ou chant ecclésiastique; car le mot *plain-chant* ne fut en usage qu'au quatorzième siècle.

Jusque-là, la science du plain-chant était hérissée de difficultés, à cause de la multiplicité et de la confusion de ses élémens; dix années suffisaient à peine pour l'apprendre parfaitement, et un bon chantre était une chose très-rare.

Mais au onzième siècle, il se forma une révolution dans le

chant, qui rendit son étude plus facile, par l'invention de Guy d'Arenzo.

Guy était un moine bénédictin, de la ville d'Arenzo, en Italie, qui vivait vers l'an 1022. Jusqu'à cette époque, on s'était toujours servi des lettres de l'alphabet pour désigner les tons, et quelquefois aussi seulement de *points* que l'on plaçait au-dessus des syllabes, d'où nous est venu le nom de *contre-point;* mais Guy eut l'heureuse idée de donner un nom à chaque note, et il inventa les six syllables *ut*, *ré*, *mi*, *fa*, *sol*, *la*, qui sont tirées de la première strophe de l'hymne *Ut queant laxis*. Dans l'ancien chant de cette hymne, les notes *ut*, *ré*, *mi*, *fa*, *sol*, *la*, répondaient à ces mêmes syllabes.

Il inventa aussi l'échelle, ou les quatre lignes du chant, pour placer et espacer les notes, afin que l'on distinguât mieux les élévations ou abaissemens des tons.

Ces inventions opérèrent une révolution complète dans le chant, et elles se répandirent partout en peu de temps; cependant il manquait encore quelque chose au système de Guy; il n'y avait pas de *si* ou de corde variante, et c'est là ce qui causait une grande confusion dans son système. Nous n'entrerons pas ici dans de plus grands détails qui ne seraient guères utiles.

La note *si* variante ne fut adoptée que plus tard, et alors la gamme fut complète, telle que nous l'avons aujourd'hui.

EXERCICES

POUR APPRENDRE A CHANTER.

Nous allons donner ici des exercices sur la gamme majeure et mineure, sur les divers intervalles de la gamme, et sur les différentes clefs usitées dans le plain-chant. Il est important que les élèves s'attachent à les bien exécuter, parce que l'expérience a appris que ce n'est qu'après s'être familiarisé avec ces exercices, que l'on peut solfier avec assurance les autres pièces de chant.

*Clef d'*ut *haute. — Gamme d'*ut.

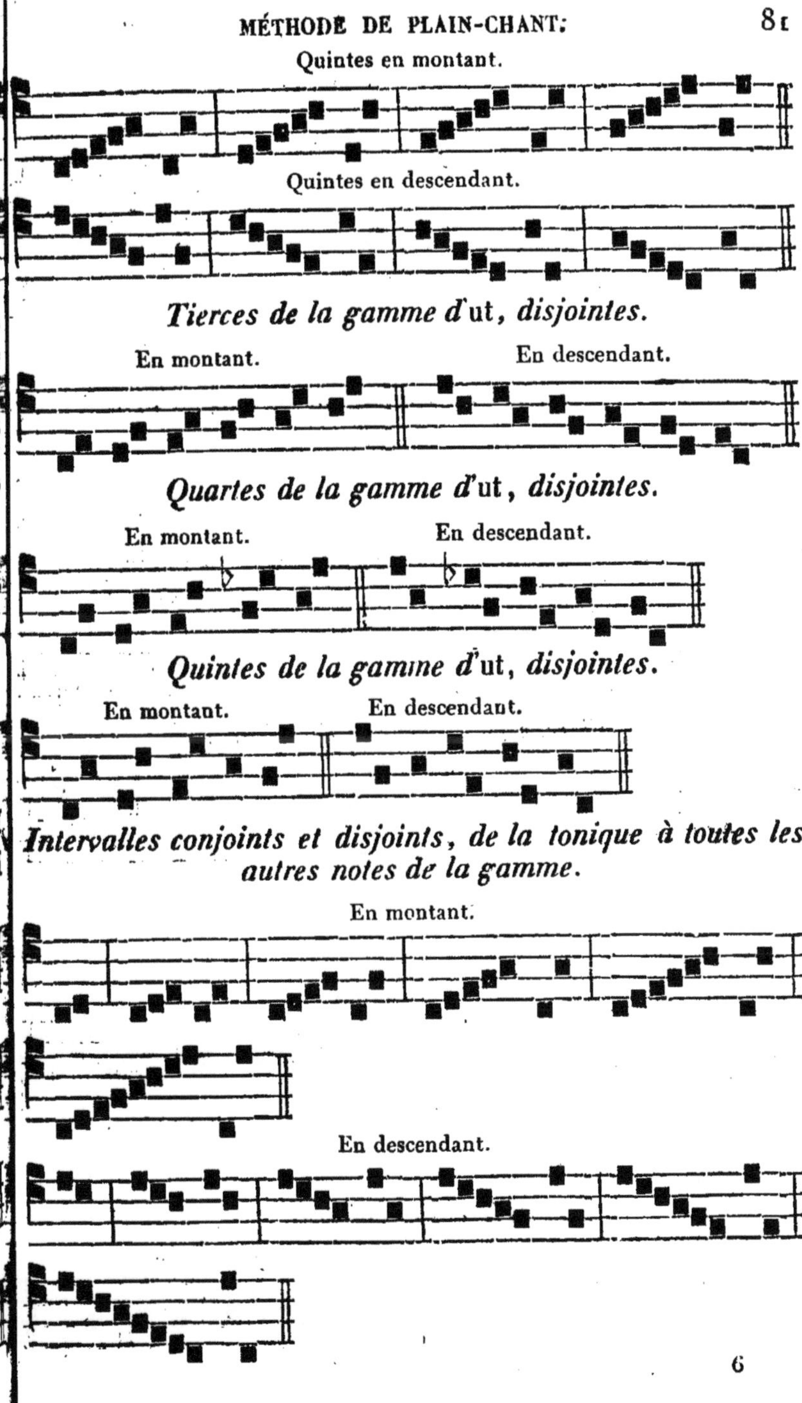
Quintes en montant.
Quintes en descendant.
Tierces de la gamme d'ut, disjointes.
En montant.
En descendant.
Quartes de la gamme d'ut, disjointes.
En montant.
En descendant.
Quintes de la gamme d'ut, disjointes.
En montant.
En descendant.
Intervalles conjoints et disjoints, de la tonique à toutes les autres notes de la gamme.
En montant.
En descendant.

Mêmes intervalles disjoints.

En montant. En descendant.

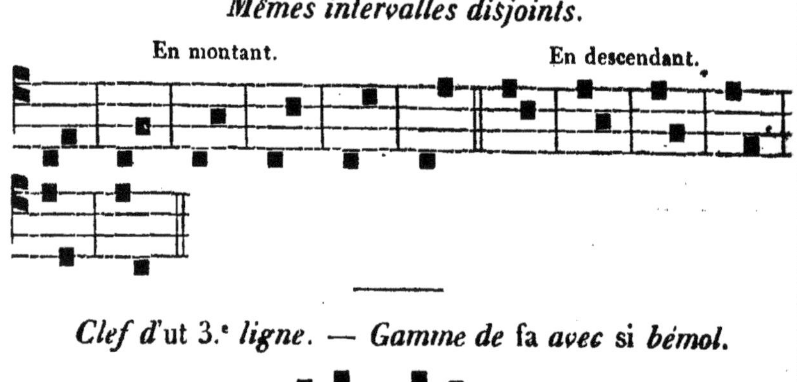

*Clef d'*ut 3.ᵉ *ligne. — Gamme de* fa *avec* si *bémol.*

Secondes en montant. Secondes en descendant.

Tierces conjointes et disjointes.

En montant.

En descendant.

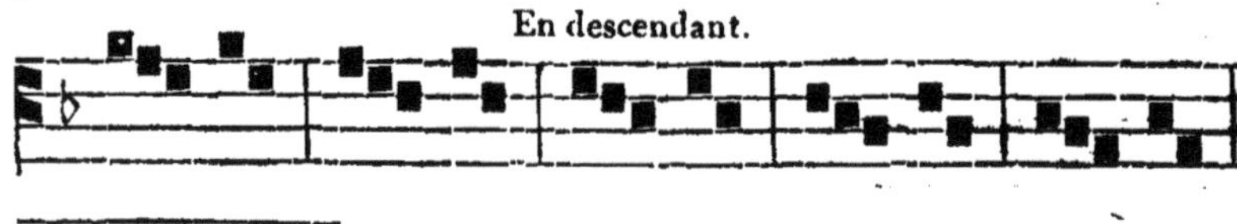

Tierces disjointes.

En montant. En descendant.

Quartes conjointes et disjointes.

En montant.

En descendant.

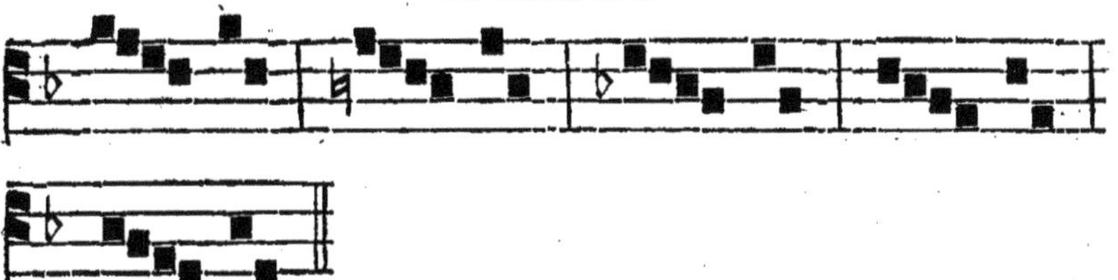

Quartes disjointes.

En montant. En descendant.

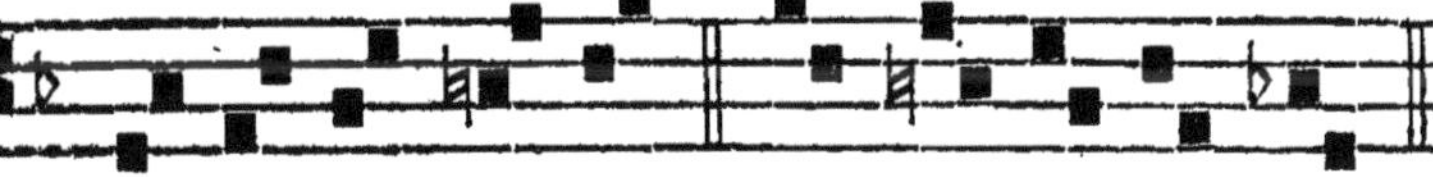

Quintes conjointes et disjointes.

En montant.

En descendant.

Quintes disjointes.

En montant. En descendant.

Intervalles conjoints et disjoints, de la tonique à toutes les autres notes de la gamme.

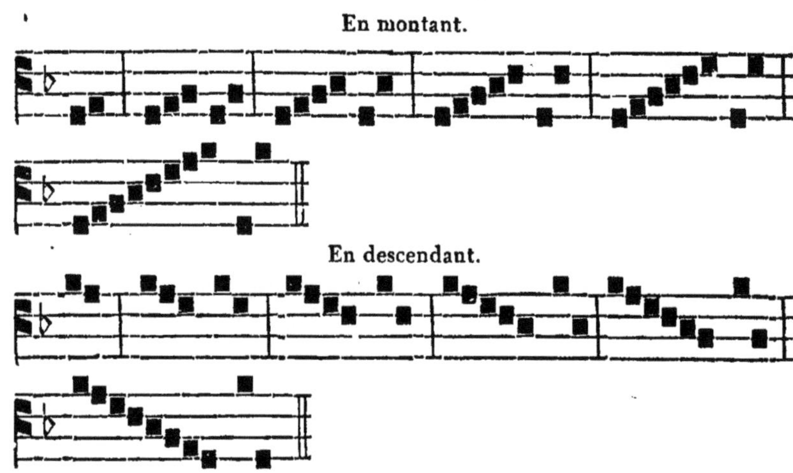

Mêmes intervalles disjoints.

Si l'on veut s'exercer sur la clef d'*ut* descendue à la deuxième ligne, qui se rencontre assez souvent, on n'aura qu'à la placer au lieu et place de la clef d'*ut* à la quatrième ligne, aux premiers exercices ci-dessus; ainsi on ferait *ut* sur *fa*.

Clef de fa. — *Gamme de* la.

Différens intervalles de cette gamme.

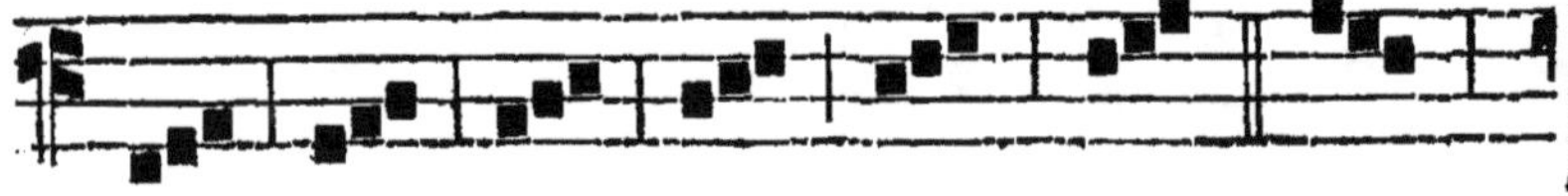

Exercices sur les gammes.

Pour que ces exercices soient aussi utiles qu'ils peuvent l'être, il faut, comme il est marqué, prendre toujours sur le même ton les différentes toniques de chaque gamme, en ayant soin de bien faire les demi-tons du *mi* au *fa*, et du *si* à l'*ut*.

ut ré mi fa sol la si ut ut si la sol fa mi ré ut. Sur le même ton qu'*ut* : ré.

ré mi fa sol la si ut ré ré ut si la sol fa mi ré. Sur le même ton que *ré* : mi.

mi fa sol la si ut ré mi mi ré ut si la sol fa mi. Sur le même ton que *mi* : fa.

fa sol la si ut ré mi fa fa mi ré ut si la sol fa. Sur le même ton que *fa* : sol.

sol la si ut ré mi fa sol sol fa mi ré ut si la sol. Sur le même ton que sol : la.

la si ut ré mi fa sol la la sol fa mi ré ut si la. Sur le même ton que *la* : si.

si ut ré mi fa sol la si si la sol fa mi ré ut si.

NEUMES.

Neume du premier mode.

Neume du deuxième mode.

Neume du troisième mode.

Neume du quatrième mode.

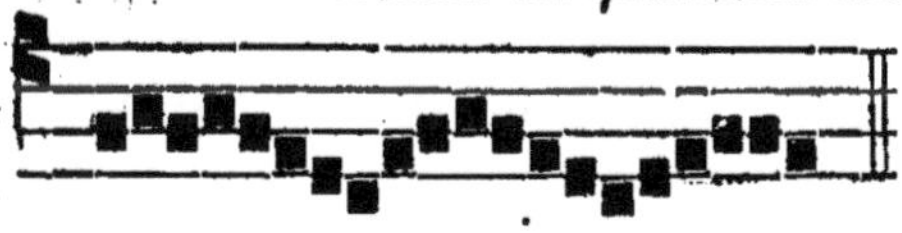

Neume du cinquième mode.

Neume du sixième mode.

Neume du septième mode.

Neume du huitième mode.

Exemples de plain-chant mesuré.

Air noté en musique, avec clef de sol.

Le même air noté en plain-chant figuré.

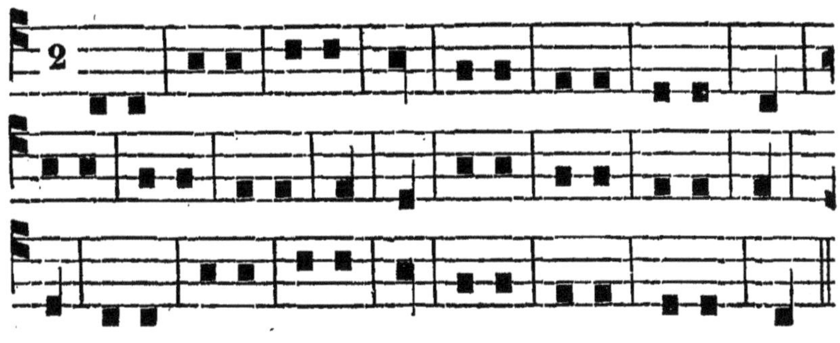

Autre air noté en musique, avec clef de fa.

Le même air noté en plain-chant figuré.

CHANTS

DES VERSETS, ABSOLUTIONS, BÉNÉDICTIONS, BENEDICAMUS, LEÇONS, ÉPITRES, etc.

A MATINES.

Depuis la Septuagésime jusqu'à Pâques, au lieu d'*Alleluia*, on chante :

Laus ti-bi, Domine, rex æ-ternæ glo-ri-æ.

Deus in adjutorium, etc., se chante comme ci-dessus, à toutes les Heures ; et à Complies, le ℣. *Converte nos* se chante comme *Domine labia mea aperies*.

Des Versets, Absolutions et Bénédictions.

Les Versets à la fin des Nocturnes, après les Hymnes, se chantent par deux enfans de chœur placés au milieu du Chœur, derrière le lutrin, de cette manière :

Neume pour tous ces versets.

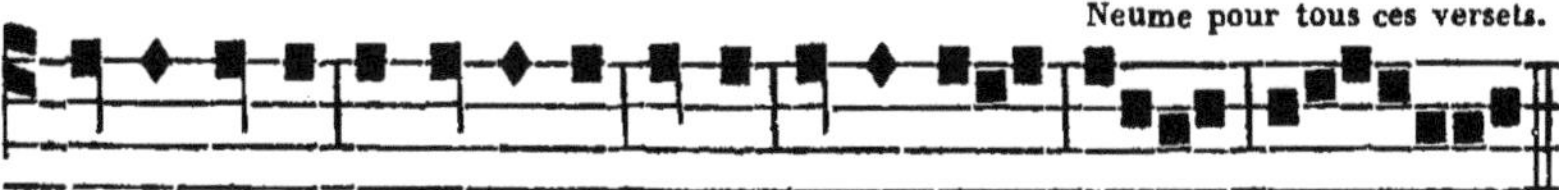

℣. Di-ri-gatur o-ra-ti-o me-a Domi-ne.

La réponse se fait tout bas.

Les petits Versets après les mémoires et après les répons brefs des petites Heures, se chantent ainsi :

Neume pour ces versets.

Cus-to-di me, Domine ut pu-pillam o-cu-li.

La réponse se fait aussi tout bas.

Aux Offices des morts et des trois derniers jours de la semaine sainte, on chante ainsi les petits Versets, à fin des Nocturnes :

Deux enfans :

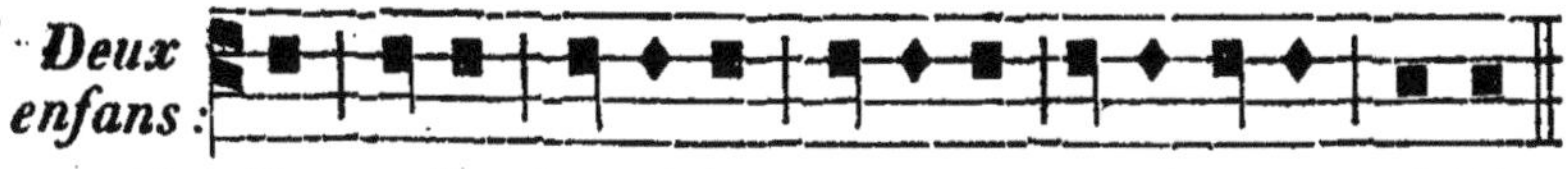

Ne tradas bes-ti-is a-nimas con-fi-tentes ti-bi.

Le Ch. : Et animas.... tuorum ne obliviscaris in finem.

Le Chœur répond à ces Versets, parce qu'ils n'ont point de neume à la fin.

Le Célébrant entonne ainsi *Pater noster*, qu'on récite ensuite tout bas jusqu'à : *Et ne nos.*

Le Cél. Pa-ter noster..... *Le Cél.* Et ne nos in-ducas

in ten-ta-ti- onem. *Le Ch. :* Sed li-be-ra nos à ma-lo.

Les Absolutions se chantent par le Célébrant *recto tono*, sans inflexion à la fin; seulement on prolonge la syllabe finale pour indiquer la fin. On répond de même par l'*Amen.*

Le Lecteur, tourné vers le Célébrant, chante ensuite :

Jube Domine be-ne-di-ce-re.

Le Célébrant chante ainsi la Bénédiction :

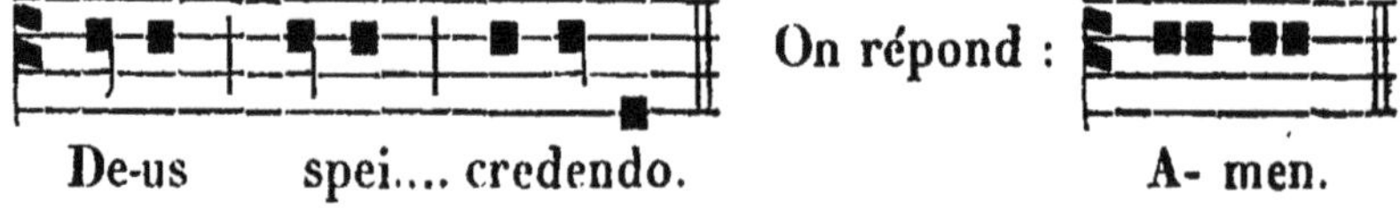

De-us spei.... credendo. On répond : A- men.

DES LEÇONS.

Le titre des Leçons se chante ainsi :

De I- sa- i- â Prophetâ.

Dans le cours des Leçons, on fait différentes inflexions au point, aux deux points, aux point et virgule, et au point d'interrogation, et à la fin.

Au point. Au point d'inter-

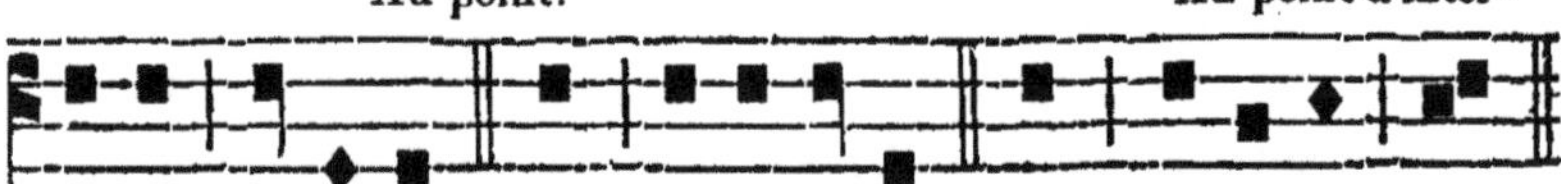

A- it Dominus. Non confundentur. Non confundis me?

rogation.

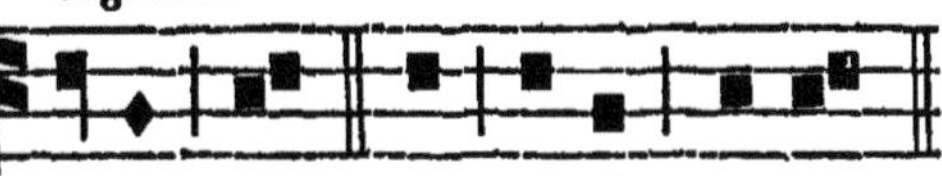

Contra vos? In si-nu me-o?

On fera bien attention d'observer la quantité aux diverses inflexions; aux points, par exemple, on ne s'arrêtera point sur une syllabe brève pour faire la chûte, mais sur la syllabe longue qui précèdera. Aux points d'interrogation, on fera comme il est marqué pour les différens cas.

Si, avant le point, il se trouve un monosyllabe ou un mot hébreu, on fait l'inflexion de cette manière :

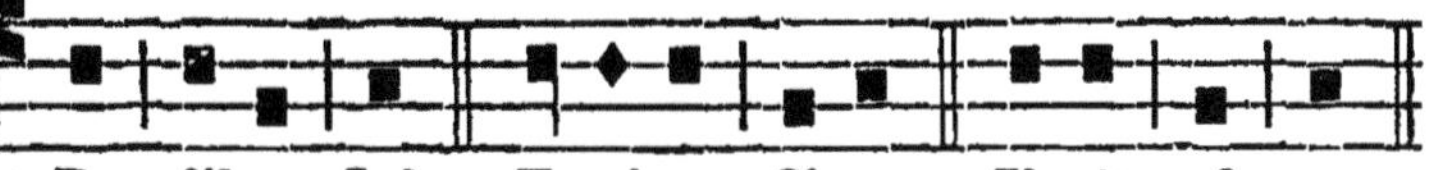

De libro Job. Fa-ci-at Si-on. Venit ad me.

Aux deux points et aux point et virgule :

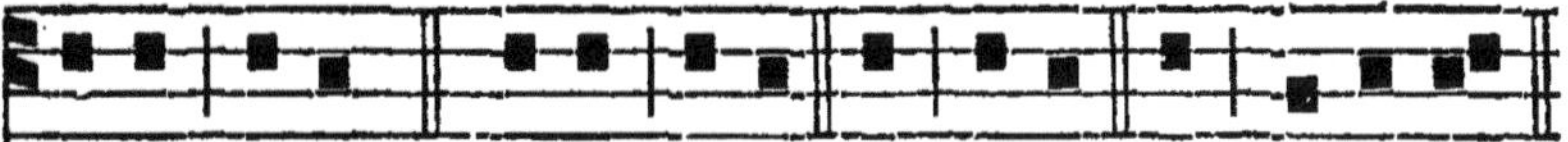

Lucem magnam: Nomen e-jus; Et di-xi: Quid cla-ma-bo?

A la conclusion, on fait l'inflexion comme ci-dessus, selon qu'il y a un point, ou un point d'interrogation, ou un monosyllabe, ou un mot hébreu indécliné.

Si les Leçons ne sont point tirées d'un Prophète, on ajoute ensuite :

Et on ne répond rien.

Tu autem, Domine, mi-se-re-re nos-tri.

Si les Leçons sont tirées de quelque Prophète, on dit, au lieu de *Tu autem :*

Hæc di-cit Dominus De-us; converti-mi-ni ad me

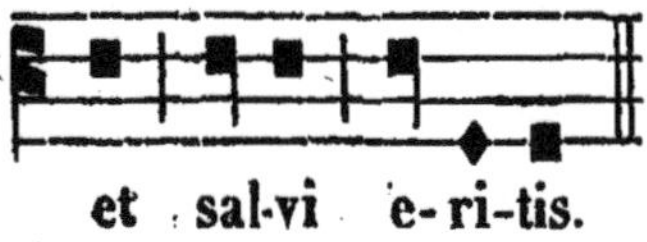

et sal-vi e-ri-tis.

Dans l'Office des morts, les Leçons se chantent sans absolution et sans bénédiction ; du reste, le chant est le même que pour celles ci-dessus. A la fin, comme on n'ajoute rien, on termine ainsi :

Non subsistam. E-ru-e-re. A ti-ne-â.

Le *verset sacerdotal* se chante tout droit.

Le Célébrant chante de même tous les autres Versets qu'il a à chanter.

Les Oraisons se chantent ainsi :

O- re-mus. De-us.... Per Dominum... per om-ni-a.... lorum.
Qui vi-vis..... per Christum.. nostrum.

A- men.

DES CAPITULES.

Les Capitules se chantent tout droit jusqu'à la fin, où l'on fait une inflexion, comme il suit :

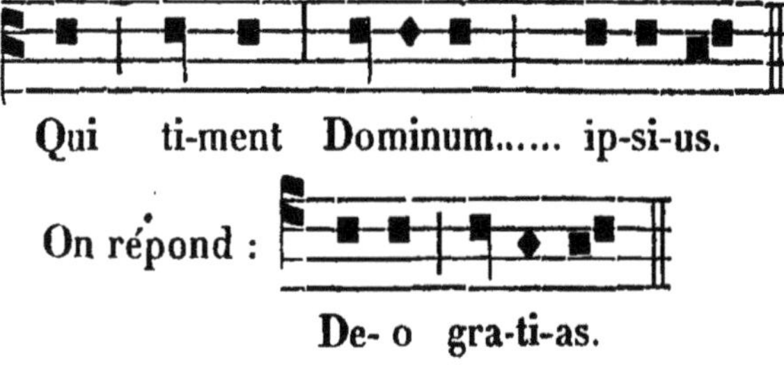

Qui ti-ment Dominum...... ip-si-us.

On répond :

De- o gra-ti-as.

DES BENEDICAMUS.

Aux Fêtes annuelles.

Dans les *fêtes annuelles*, à Laudes et aux Vêpres, après

l'Oraison de la fête, deux enfans de chœur, debout au milieu du Chœur, chantent le *Benedicamus* suivant :

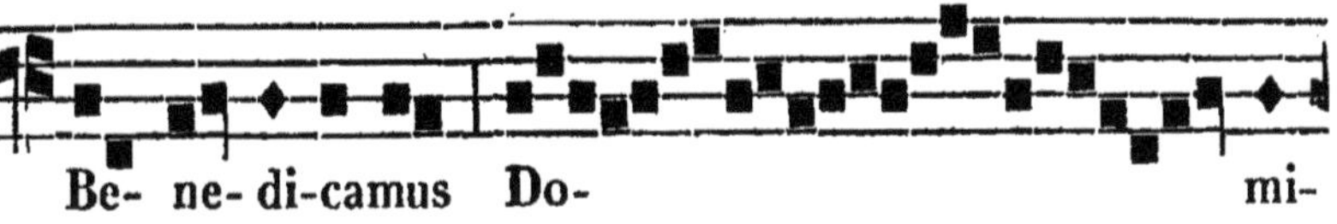

On répond tout bas : *Deo gratias.*

Aux Fêtes solennelles.

Dans les *fêtes solennelles*, à Laudes et à Vêpres, après l'Oraison de la fête, on chante le *Benedicamus* suivant :

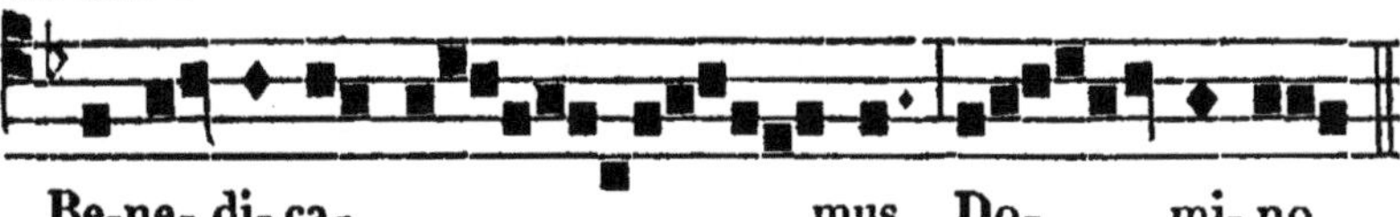

Aux Fêtes doubles et aux Dimanches.

Aux *dimanches ordinaires et aux fêtes doubles*, à Laudes et à Vêpres, après l'Oraison du jour, on chante le *Benedicamus* suivant :

Fêtes semi-doubles.

Dans les *fêtes semi-doubles*, à Laudes et à Vêpres, après l'Oraison de la fête, on chante le *Benedicamus* suivant :

Be-ne-di- ca- mus Domi- no.

Fêtes simples.

On chante le *Benedicamus* suivant :

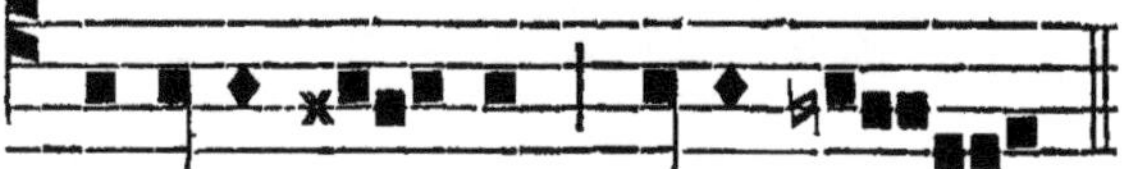

Be-ne-di- ca- mus Do-mi- no.

Après les mémoires, à Complies et aux Petites Heures, on chante le *Benedicamus* ci-dessus, aux fêtes simples.

Le Célébrant chante ainsi *Benedicamus :*

℣. Be-ne-di-camus Domi-no. ℟. De-o gra-ti- as.

On répond toujours *Deo gratias* au Célébrant.

A LA MESSE.

Le verset *Dominus vobiscum* et le répons se chantent tout droit, excepté à l'Evangile où il se chante comme il est marqué plus bas ; les Oraisons se chantent comme il est noté plus haut.

DE L'ÉPÎTRE.

Les Epîtres se chantent ainsi :

Avant le point. Au

Lec-ti- o E-pis-to-læ be-a- ti Pauli A-pos-to-li ad

point.

Co-rin-thi-os. In di- e-bus il- lis : Ad-je-cit Dominus

Point d'interrogation.

loqui ad Achaz dicens : Au-di-te... De-o me- o?

Propter hoc dabit Domi-nus ip-sĕ vobis signum.....

Terminaison.

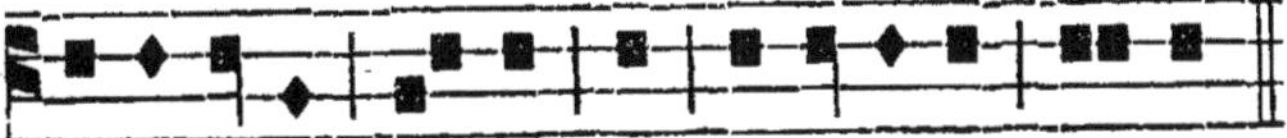

Reproba-rĕ mălum et e- li- ge-re bo-num.

Il faut bien remarquer les signes qui indiquent chaque inflexion, au-dessus de la syllabe sur laquelle il la faut commencer. Au point, les mots hébreux et les monosyllabes se modulent d'une manière plus courte :

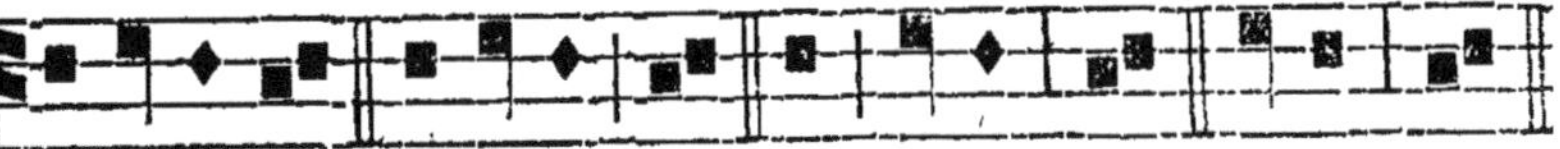

Emmânu-el. Pec-câ-ti lex. In Dê-o est. ûnum sunt.

Aux autres endroits ces mots se modulent comme les autres.

Quand le titre est plus court que celui de ci-dessus, on ne fait point d'inflexion à la tierce avant le point.

Exemples.

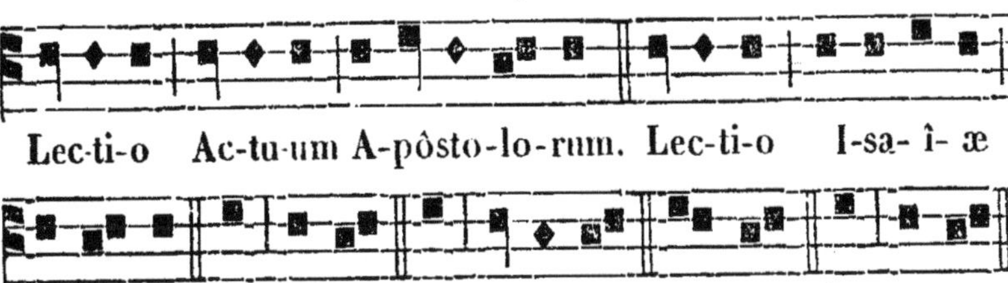

Prophe-tæ. âd Titum. âd Ga-la-tas. âb- sit. Èt di-xit.

Ces derniers mots sont donnés comme des exemples de la modulation qu'il faut faire, lorsque le nombre des syllabes avant le point ne suffit point pour la modulation entière.

Quand la modulation de la conclusion s'effectue sur un monosyllabe ou un mot hébreu, elle se fait ainsi :

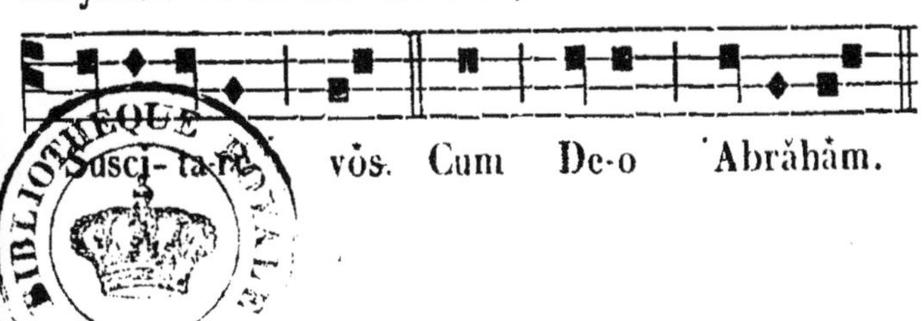

DE L'ÉVANGILE.

On le commence ainsi :

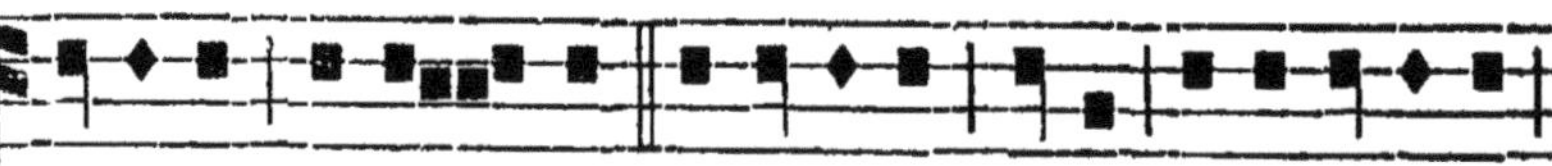

℣.Dominus vo-bĭs- cum. I- ni-ti-um sanctĭ Evan-ge-li- i
℟.Et cum spiritu tu-o. Sequentia

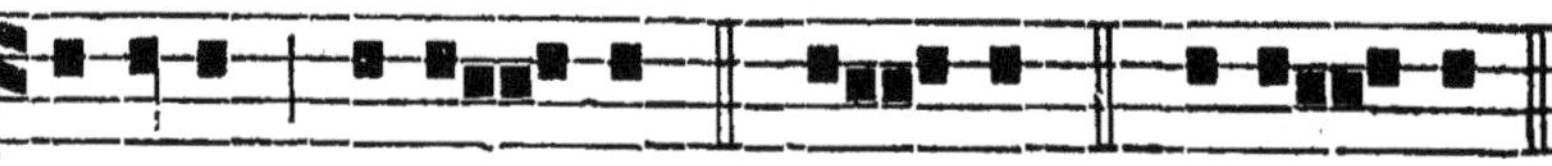

secundum Matthæ̆- um. Mă̆r- cum. Jo-ăn- nem.

Dans le chant de l'Evangile, les points se font comme ci-dessus, si ce n'est qu'aux monosyllabes et aux mots hébreux l'inflexion se fait entièrement sur la dernière syllabe, de cette manière :

E-go sŭm. Obed ex Rŭth. Dixit il-lis Je-

sŭs. Abra-ham.

Ce genre d'inflexion n'est point unique pour le point; il se fait encore quelquefois aux deux points.

Aux points d'interrogation, on module de cette manière, comme dans le chant de l'épître :

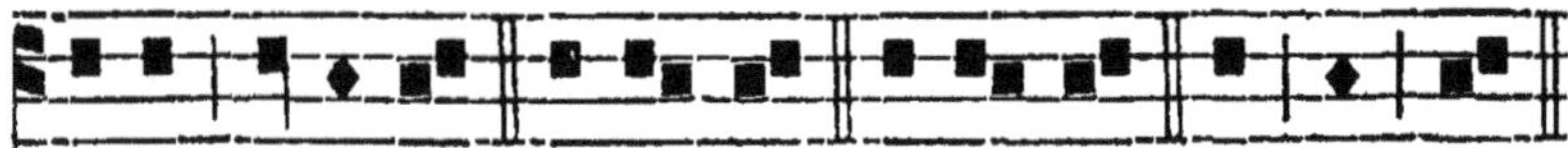

U-bi Domi-ne? Vi-de- re? Ves-ti- tum? Tu quis es?

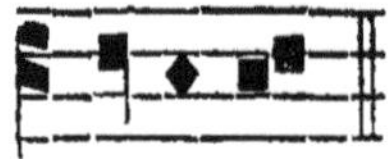

Abraham?

La conclusion se fait ainsi :

Qui au-di-unt verbŭm Dĕ- i et custo-di-unt il- lud.

Quand le mot sur lequel se fait la conclusion est un monosyllabe ou un mot hébreu, on la fait ainsi :

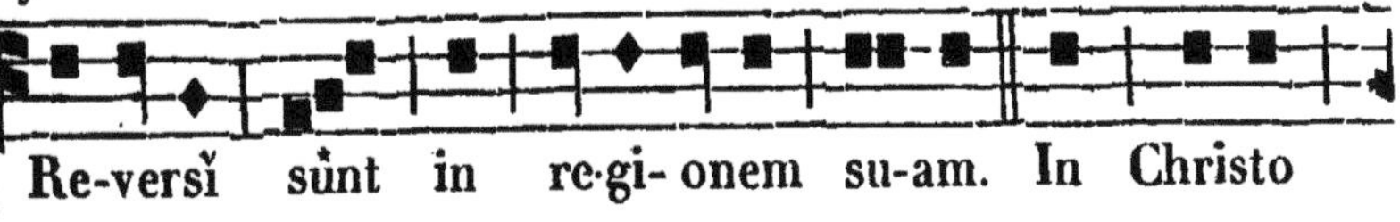

Re-versĭ sŭnt in re-gi- onem su-am. In Christo

Jĕ-sŭ Domino nostro.

Il faut bien remarquer les signes qui indiquent les inflexions aux divers endroits.

On chante ainsi *Flectamus genua :*

Le Célébrant. *Le Célébrant ou un Diacre.*

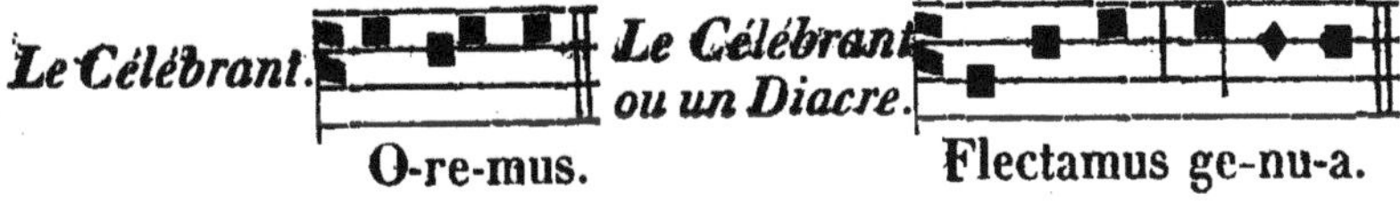

O-re-mus. Flectamus ge-nu-a.

Le Célébrant ou un Diacre.

Le-va-te.

Ensuite, on chante l'Oraison comme à l'ordinaire.

On chante ainsi *Humiliate :*

Le Célébrant. *Le Célébrant ou un Diacre.*

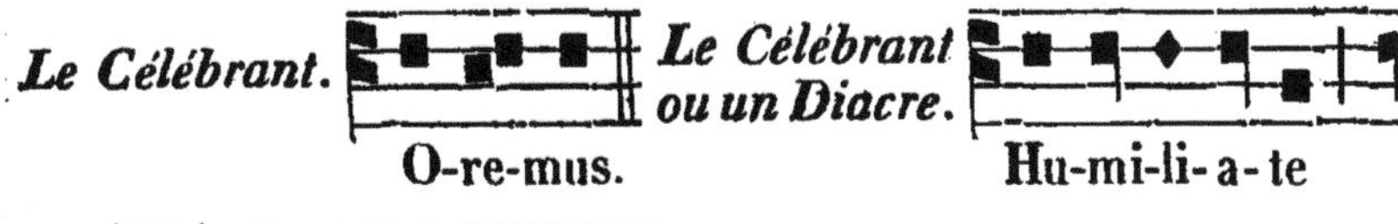

O-re-mus. Hu-mi-li- a- te

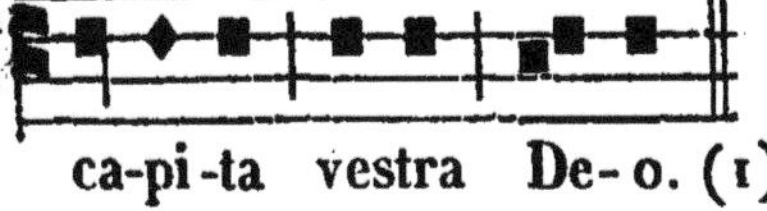

ca-pi -ta vestra De- o. (1)

Ensuite, on chante l'Oraison comme à l'ordinaire.

---

(1) *N. B.* Il y a une faute dans la notation de ce verset, à la page 63 du Missel diocésain.

TABLE DES MATIÈRES.

CHANT

DES

KYRIE, GLORIA, etc.,

POUR LES

DIFFÉRENS TEMPS ET FÊTES DE L'ANNÉE.

POUR LES FÊTES ANNUELLES.

8

Lau-damus te, Bene-di- ci-mus te, A- do- ra- mus
te, Glori-fi- ca- mus te. Grati-as a-gi-mus ti-bi,
propter magnam glo-ri-am tu-am. Domine De-us, Rex
cœ-les-tis, De-us Pater om-ni- potens. Domine fi- li
u- ni-ge-ni-te, Je-su Christe. Domi-ne De-us
agnus De- i, fi- li- us Patris. Qui tol-lis pec-ca-ta
mundi, mi-se-re-re no-bis. Qui tol-lis pec-ca-ta
mundi, sus-ci- pe depre-ca- ti- o- nem nos- tram.
Qui se-des ad dex-teram Pa- tris, mi-se-re-re no-bis.
Quoniam tu solus sanctus. Tu so- lus Do-minus.

Tu so-lus al-tis-simus, Je-su Christe. Cum sancto
Spi-ri-tu, in glori-â De-i Pa-tris. A-
men.
Du 1.
Cre- do in unum De-um. Pa-trem omni-po-
ten-tem, fac-torem cœ- li et ter-ræ, vi-si-bi-li-um
omni-um et in-vi- si- bi- li-um. Et in unum Domi-
num Jesum Christum fi- li-um De-i u-ni-ge-nitum.
Et ex Pa-tre na-tum, an-tè om-ni-a se-cu-la.
Deum de De-o, lumen de lu-mi-ne, Deum
verum de De-o ve-ro. Ge-nitum, non factum, con-sub-

stan-ti- a-lem Pa-tri, per quem omni- a fac-ta sunt. Qui
propter nos homi-nes, et propter nostram sa- lutem,
descendit de cœ-lis. Et incarna-tus est de
spi-ri-tu sancto, ex Ma-ri-â Vir-gi-ne : Et
Ho- mo fac- tus est. Cru-ci- fi-xus e-ti-am pro
nobis sub Ponti- o Pi-la-to, passus et se- pultus
est. Et resur-rexit ter-ti- â di- e, se-cundùm
scrip-tu- ras. Et ascendit in cœlum, sedet ad
dexteram Pa- tris. Et i- terùm ven-tu-rus est cum
glo- ri- a ju-di- ca-re vivos et mortu-os. Cujus

regni non e-rit fi- nis. Et in spiritum sanctum

Do-minum et vi- vi- fi- can-tem. Qui ex Patre

Fi- li- oque pro-cedit. Qui cum Pa- tre et Fi- li- o,

si- mul a- do- ra- tur, et conglo-ri- fi- catur,

qui lo-cu-tus est per Pro-phe-tas. Et unam, sanctam

catho-licam, et a-posto- licam Ec-cle-si-am. Confi-te-or

unum bap- tis-ma in re-missi- onem pecca-torum.

Et ex- pec-to resur-rec- ti-onem mor-tu-orum. Et

vitam ventu-ri se-cu-li. A- men.

Du 1.
Sanc- tus, Sanc- tus, Sanc- tus,
Dominus Deus Sa-baoth. Ple-ni sunt cœ-li et
ter-ra glori- â tu- â, Ho-sanna in ex-cel-sis.
Be-ne-dic-tus qui ve-nit in nomine Domi-ni,
Hosanna in ex-cel-sis.
Du 1.
Ag-nus De- i, qui tol-lis pec- ca-ta mundi,
mi-se-re-re no-bis. Agnus De- i, qui tol-lis
pec-ca-ta mundi, mi-se-re-re no-bis. Ag-nus
De- i, qui tollis pec- ca-ta mundi, do-na
no-bis pa-cem.

Du 1.
I- te, mis-sa est.
De- o gra- ti- as.
POUR LES FÊTES SOLENNELLES.
Du 1.
Ky- ri- e e- le- i-
son. 3 *fois*. Christe e- le- i- son. 3 *f*.
Ky- ri- e e- le- i- son. 2 *fois*.
Ky- ri- e e-
le-i- son.
Du 4.
Glo- ri- a in excel-sis De- o. Et in
ter- râ pax, ho- mi- ni-bus bonæ vo-lun-ta-tis.

Laudamus te. Be-ne-di-cimus te. A-do- ra-
mus te. Glo-ri- fi-ca- mus te. Gra- ti- as
a- gi-mus ti- bi, propter magnam glo- ri-am
tu- am. Do-mi-ne De-us, rex cœ-les- tis, De-
us Pa- ter om- ni- po-tens. Do-mi-ne, fi- li
u- ni-ge- ni-te, Je- su Chris- te. Do-mi-ne
De-us, ag-nus De- i, fi- li- us Pa- tris. Qui
tol- lis pec-ca-ta mundi, mi-se-re- re no-bis. Qui
tol- lis pec-ca-ta mundi, sus- ci- pe depreca-
ti- o- nem nostram. Qui se- des ad dexteram Patris,

mi-se-re- re nobis. Quoni-am tu so-lus
sanctus. Tu so-lus Do-mi-nus. Tu so- lus al- tis-
si-mus, Je- su Chris- te. Cum sanc- to
spi- ri- tu, in glo- ri-â De-i Pa- tris.
A- men.
Du 5. Credo in u-num De- um. Pa-trem om-ni-po-
tentem. Factorem cœ-li et ter-ræ, vi- si- bi- li-um
om-ni-um, et in-vi-si- bi- li-um. Et in unum
Dominum Jesum Christum, fi- li-um De-i u- ni-ge-
ni-tum. Et ex Pa-tre na-tum, an-tè om-ni-a

se- cu-la. Deum de De-o, lumen de lu-mine,
Deum verum, de De-o ve- ro. Ge-nitum non fac-tum,
consubstanti- a-lem Pa- tri, per quem om-ni-a fac- ta
sunt. Qui propter nos ho-mi-nes, et propter nostram
sa- lu- tem, descendit de cœ-lis. Et incar-natus
est de Spi-ri-tu sanc-to, ex Ma-ri-â Vir-gi-ne:
Et Ho- mo fac- tus est. Cruci- fi- xus e- ti-am
pro nobis sub Ponti-o Pi-la-to, pas- sus et
se-pul-tus est. Et resurre xit ter-ti-â di- e,
secundum Scriptu-ras. Et ascendit in cœ-lum, sedet

ad dex-teram Pa-tris. Et i- terùm ven- tu-rus est
cum glori- â ju-di-ca-re vivos et mortu-os.
Cujus regni non e-rit fi-nis. Et in Spi-ritum
sanctum Dominum, et vi- vi- fi- cantem. Qui ex Pa-
tre Fi- li- o- que pro-ce- dit. Qui cum Pa-tre et Fi-
li- o, simul a- do- ra- tur et conglori- fi- ca-
tur: Qui lo-cu-tus est per Prophetas. Et unam sanctam
Catho-licam et A-posto-licam Ec- cle-siam. Con fi-
te-or unum bap-tis-ma, in remis-si-onem pec-ca-
to-rum. Et ex-pec-to resurrec-ti- onem mortu- o- rum.

Et vitam ven-tu-ri se- cu- li. A-
men.
Du 8.
Sanc- tus, Sanc- tus, Sanc-
tus, Do- minus De-us Sa- ba-oth. Ple-ni
sunt cœ-li et ter-ra glo- ri- â tu- â.
Ho- sanna in ex- cel- sis.
Be-ne-dic- tus, qui ve- nit in no- mi-ne
Do- mi-ni. Ho- san-na in ex-
cel- sis.
Du 6.
Ag- nus De- i, qui tol- lis pecca-

De- o gra- ti- as.

POUR LES DIMANCHES PENDANT L'ANNÉE.

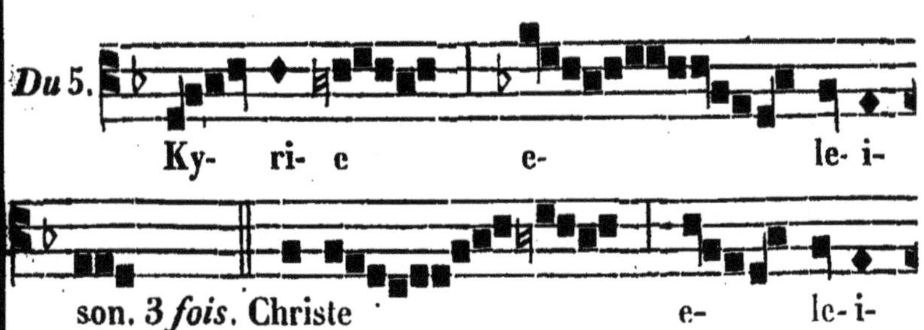

son. 3 *fois*. Ky-ri-e e- le- i-
son. 2 *fois*. Ky-ri-e e-
le- i- son.
Du 5.
Glo- ri- a in ex- cel-sis De- o. Et
in ter- râ pax, ho- mi- ni-bus bo-næ vo-lun-
ta- tis. Lau-da- mus te. Be-ne-di- cimus te.
A- do- ra-mus te. Glo-ri-fi- ca- mus te. Gra-
ti- as a- gimus ti- bi, propter magnam glo-ri-am
tu- am. Domi-ne De- us Rex cœ- les- tis,
De-us Pa- ter om-ni- potens. Do- mi-ne, fi- li

u- ni-ge- ni-te, Je-su Chris-te. Domi-ne,
De-us, Agnus De- i, Fi-li-us Pa- tris.
Qui tol-lis pec-ca-ta mundi, mi-se-re- re no-
bis. Qui tol-lis pec-ca- ta mun- di, sus-ci- pe
depre-ca- ti-o- nem nos- tram. Qui se- des ad
dex-te- ram Pa- tris, mi-se-re- re no- bis.
Quoni-am tu so-lus Sanc-tus. Tu so-lus Dominus. Tu so- lus Al- tis- simus, Je- su Chris-
te. Cum Sanc-to Spi-ri-tu, in glo- ri-â
De-i Pa- tris. A- men.

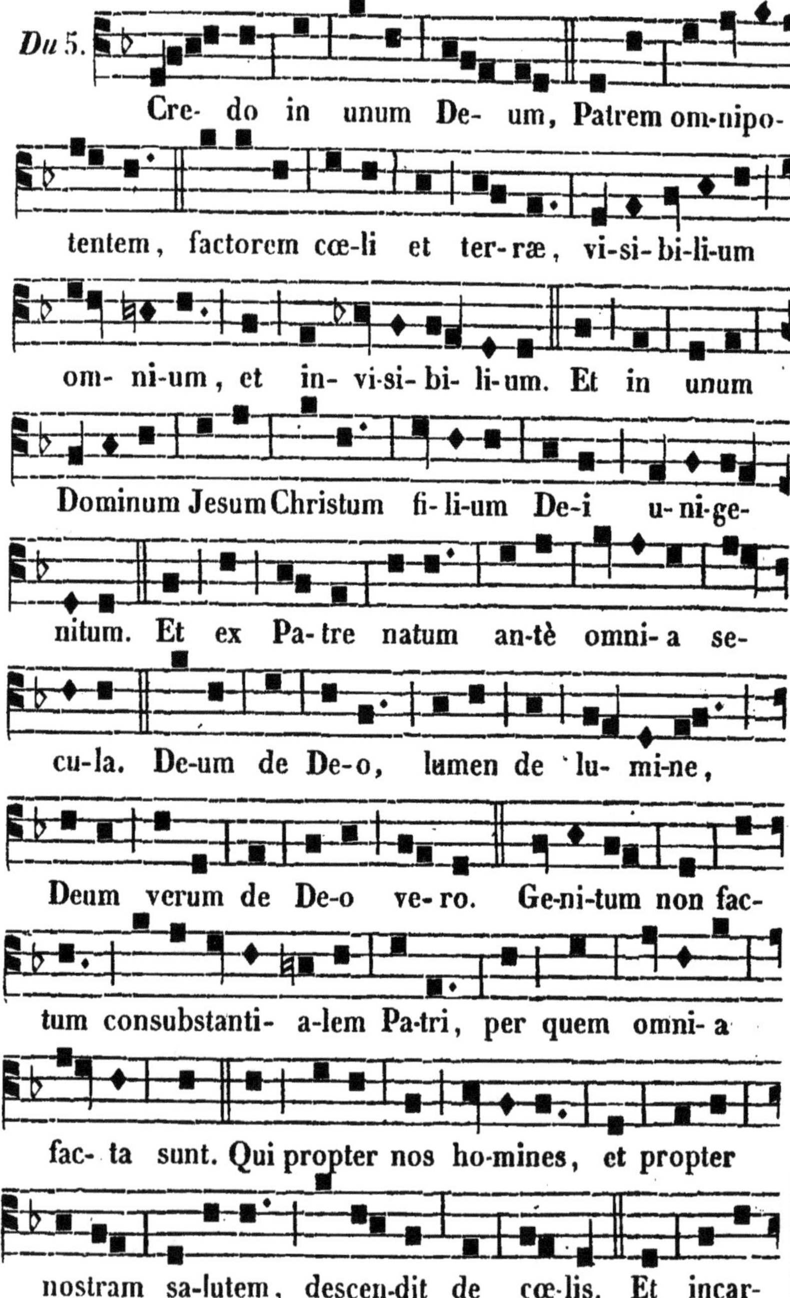
Du 5.
Cre- do in unum De- um, Patrem om-nipo-
tentem, factorem cœ-li et ter-ræ, vi-si-bi-li-um
om- ni-um, et in- vi-si- bi- li-um. Et in unum
Dominum Jesum Christum fi- li-um De-i u-ni-ge-
nitum. Et ex Pa- tre natum an-tè omni- a se-
cu-la. De-um de De-o, lumen de lu- mi-ne,
Deum verum de De-o ve- ro. Ge-ni-tum non factum consubstanti- a-lem Pa-tri, per quem omni- a
fac- ta sunt. Qui propter nos ho-mines, et propter
nostram sa-lutem, descen-dit de cœ-lis. Et incar-

na- tus est de Spiri-tu sanc-to, ex Ma-ri-â
Virgi-ne : Et Ho- mo factus est. Cru-ci-fi-xus
e- ti-am pro no-bis : sub Ponti- o Pi-la-to passus
et se-pul-tus est. Et re-surre-xit ter-ti-â di- e,
secundum Scriptu-ras. Et as-cendit in cœlum, se-det
ad dex-te-ram Pa-tris. Et i- terùm ven-turus est,
cum glo-ri-â ju-di-ca-re vivos et mor-tu-os.
Cujus regni non e-rit fi- nis. Et in Spi-ritum
Sanctum Dominum, et vi-vi-ficantem, Qui ex Pa-tre
Fi- li- o-que proce- dit. Qui cum Patre et Fi-li- o,

simul a- do- ra- tur, et conglo-ri- fi-
ca- tur. Qui lo-cu-tus est per Prophetas. Et unam
Sanctam, Catho-licam, et A-posto-li-cam Ec-cle-si-am.
Con-fi- te-or unum Baptisma in re-mis-si-onem
pec-ca-to- rum. Et expec-to resurrec-ti-onem mor-
tu- o- rum. Et vitam ven-tu-ri se- cu-li. A-
men.
Du 5.
Sanc- tus, Sanc- tus, Sanc- tus, Dominus De-us Sa- ba-oth. Ple-ni sunt
cœ- li et ter- ra glo- ri- â tu- â.

Ho- san- na in ex- cel- sis.
Be- ne-dic- tus qui ve- nit in no- mi-ne
Do- mi-ni. Ho- san- na in
ex- cel- sis.
Du 5.
Ag-nus De- i, qui tol-lis pec- ca-
ta mundi, mi- se-re- re no- bis.
Ag- nus De- i, qui tol-lis pec-ca- ta
mundi, mi- se- re- re no- bis. Ag-nus
De- i, qui tol-lis pec- ca- ta mundi,
do-na no- bis pa- cem.

Du 5.

I- te, Missa est.
De- o, gra-ti- as.

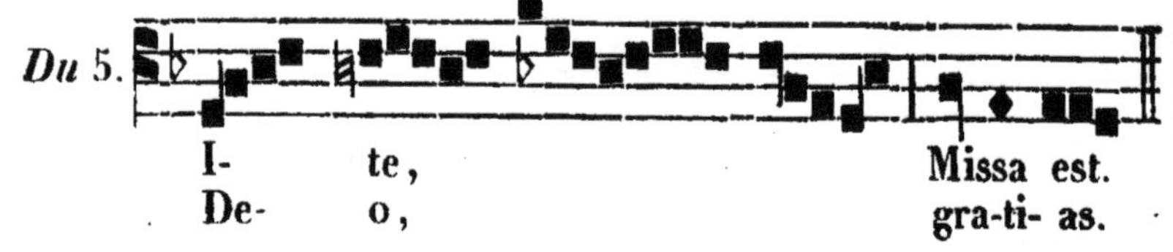

POUR LES DIMANCHES DE L'AVENT, DE LA SEPTUAGÉSIME, DE LA SEXAGÉSIME ET DE LA QUINQUAGÉSIME.

Du 2.

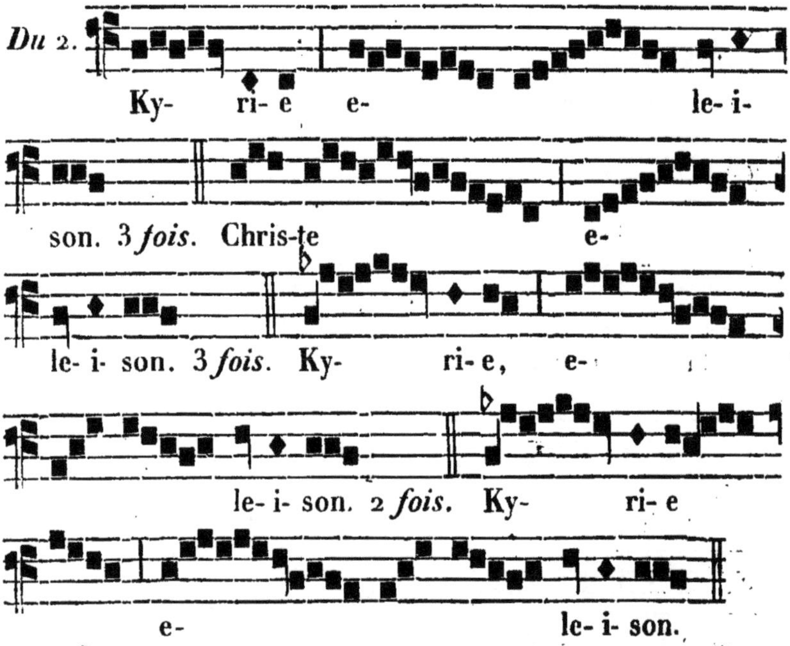
Ky- ri- e e- le- i-
son. 3 *fois*. Chris-te e-
le- i- son. 3 *fois*. Ky- ri- e, e-
le- i- son. 2 *fois*. Ky- ri- e
e- le- i- son.

Du 4.

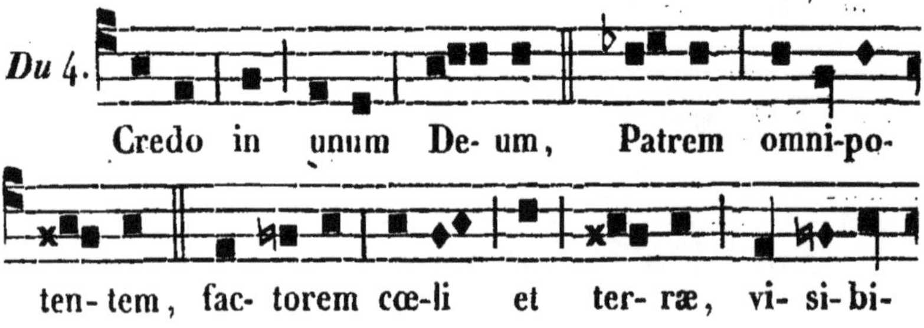
Credo in unum De- um, Patrem omni-po-
ten- tem, fac- torem cœ-li et ter- ræ, vi- si- bi-

li-um omni-um, et in-vi-si-bi- li-um. Et

in unum Dominum Jesum Christum, Fi- li-um De-i

u-ni-ge- nitum. Et ex Patre na-tum, an- tè-

omni-a se- cu-la. De-um de De-o, lumen de

lumi-ne, Deum verum de De- o ve-ro: Ge- nitum

non factum con-substan-ti-alem Pa-tri, per quem

omni-a fac- ta sunt. Qui propter nos homines, et

propter nostram sa-lutem, descendit de cœ-lis.

Et in-carna-tus est de Spi-ri-tu sancto, ex

Ma-ri-a Vir- gi-ne: Et Ho- mo fac- tus

EST. Cruci- fi-xus e- ti-am pro nobis, sub
Ponti- o Pi- la- to, pas-sus et se- pul- tus est.
Et re-surre-xit ter-ti- â di- e, se-cundùm Scrip-tu-
ras. Et as-cendit in cœlum, se-det ad dex-teram
Pa-tris. Et i- terum ven-turus est cum glori- a:
ju-di-ca-re vi- vos et mor- tu-os. Cu- jus regni
non e- rit fi- nis. Et in Spiri-tum Sanctum
Dominum, et vi-vi- fi- cantem; Qui ex Patre
Fi-li- o-que pro- ce-dit. Qui cum Pa-tre et Fi-li- o
simul a-do-ratur, et conglo-ri- fi- ca- tur. Qui

lo-cu-tus est per Pro- phe-tas. Et unam Sanctam
Catho-li-cam, et A-pos-to-li-cam Ec-cle- si-am.
Con- fi- te-or unum baptisma in re-missi- onem pec-
ca- to-rum. Et expec-to re-surrec-ti-onem mortu-
o-rum. Et vitam ventu-ri se- cu-li. A-
men.
Du 2.
Sanc- tus, Sanc- tus, Sanc-tus Do- mi-nus
De-us Sa- baoth. Ple- ni sunt cœ- li
et ter- ra glo-ri-â tu- â. Hosanna
in ex- cel- sis. Be-ne-dic- tus, qui ve- nit

in nomi-ne Do- mi-ni, Hosanna in
ex- cel- sis.
Du 2.
Ag- nus De- i, qui tol- lis pec-
ca- ta mun-di, mi- se- re- re no- bis.
Ag- nus De- i, qui tol- lis pec-ca- ta
mun- di, mi-se-re- re no- bis. Ag- nus
De- i, qui tol- lis pec-ca- ta mundi, do- na no- bis pa- cem.
Be-ne-di- ca-mus Do- mi- no. De- o
gra- ti- as.

POUR LES DIMANCHES DU CARÊME, DE LA PASSION ET DES RAMEAUX.

Credo, *ci-dessus*, *à la Messe précédente*, p. 20.

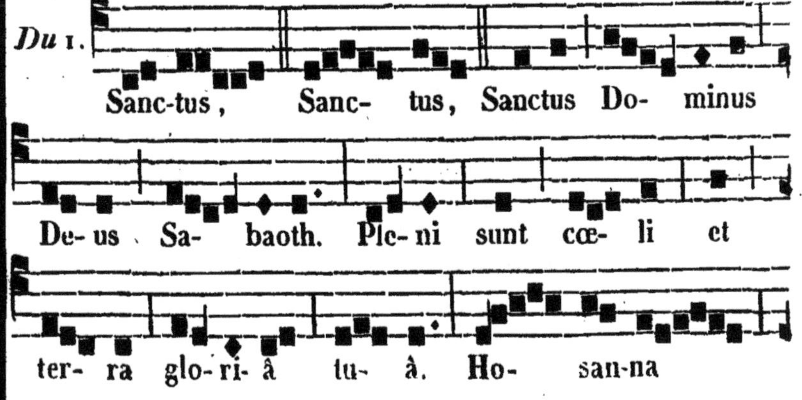

Benedicamus, *ci-dessus, à la Messe précédente*, p. 24.

POUR LES FÊTES DOUBLES MAJEURES.

ti- bi propter magnam glo- ri-am tu- am.
Do- mine De- us, Rex cœ-les- tis, De-us, Pa- ter
om-ni- potens. Do-mi-ne, Fi- li u-ni-ge- ni- te,
Je- su Chris-te. Do-mi-ne De- us, Agnus
De- i, Fi- li- us Pa-tris. Qui tol- lis pec-ca- ta
mun-di, mi-se-re- re no-bis. Qui tol- lis pec-
ca- ta mundi, sus- ci-pe depre-ca-ti- o- nem
nostram. Qui se- des ad dex-te-ram Pa-tris, mi-se-
re- re no-bis. Quoni-am tu so-lus Sanctus. Tu
so-lus Do- mi- nus. Tu so- lus Al-tis-si- mus,

Je- su Christe. Cum Sancto Spi-ri-tu, in glo-ri-
a De- i Pa- tris. A- men.
Du 6.
Credo in u-num De- um, Patrem om-ni-po-
ten-tem, fac-torem cœ-li et ter-ræ. Vi-si-bi-li-um
omnium et in-vi-si-bi- li-um. Et in unum
Dominum Jesum Christum, Fi-li-um De-i u- ni- ge-
nitum. Et ex Patre na- tum, an-tè omni- a
se-cu-la. Deum de De-o, lumen de lu-mi-ne,
Deum verum de De-o ve-ro. Ge-nitum non factum,
consubstan-ti- a-lem Pa-tri, per quem om-ni-a fac- ta

sunt. Qui propter nos homines, et propter nostram

sa-lu-tem des-cen-dit de cœ-lis. Et incar-na-tus

est de Spi-ri-tu Sancto, Ex Ma-ri-â Vir-gi-ne :

ET HO-MO FACTUS EST. Cru-ci-fi-xus e-ti-am

pro nobis, sub Ponti-o Pi-la-to, passus et se-

pul-tus est. Et re-sur-re-xit ter-ti-â di-e,

secundum Scriptu-ras. Et ascen-dit in cœlum, sedet

ad dexteram Pa-tris. Et i-terum ven-tu-rus est cum

glo-ri-â ju-di-ca-re vivos et mortu-os. Cu-jus

reg-ni non e-rit fi-nis. Et in Spiritum Sanctum

Dominum et vi-vi-fi-cantem. Qui ex Pa-tre Fi-li-
o-que proce-dit. Qui cum Pa-tre et Fi-li-o,
si-mul a- do- ra- tur, et conglo-ri- fi- ca-tur. Qui
lo-cu-tus est per Prophetas. Et unam Sanctam,
Ca-tholicam, et Apos-to-licam Ec-cle-si-am. Con-fi-
te-or unum baptisma, in remis-si-onem pecca- torum.
Et ex-pec-to re-surrec-ti- onem mortu-o- rum. Et
vi-tam ven-tu-ri se-cu-li. A- men.
Du 6.
Sanc- tus, Sanc- tus,
Sanc- tus, Do- mi-nus De- us

Sa- baoth. Ple- ni sunt cœ- li et
ter- ra glo- ri- â tu- â. Ho-
san-na in ex- cel- sis. Be-ne-dic-
tus qui ve- nit in no- mi-ne Domi-ni, Ho- san-na in ex-
cel- sis.
Du 6.
Ag- nus De- i, qui tol- lis
pec-ca- ta mun- di, mi- se- re- re no-
bis. Ag- nus De- i, qui tol-
lis pec-ca- ta mun- di, mi-se-re- re no-

POUR LES FÊTES DOUBLES MINEURES.

Du 2.
Glo- ri- a in ex-celsis De- o. Et in
ter- râ pax, ho-mi-ni-bus bo-næ volun-ta-tis.
Lau-da- mus te. Be-ne- di- cimus te. A-do- ra- mus
te. Glo-ri-fi- ca-mus te, Grati- as a-gimus
ti- bi, propter magnam glo-ri- am tu-am. Do-
mi-ne De- us, Rex cœles-tis, De-us, Pa- ter
om- ni-potens. Do- mi-ne Fi- li u-ni-ge-ni-te,
Je- su Christe. Do- mi-ne De-us, Agnus De- i,
Fi- li- us Patris. Qui tol- lis pec- ca-ta mundi,
mi- se-re-re nobis. Qui tol- lis pec- ca-ta mundi,

sus- ci- pe depre-ca-ti- o-nem nostram. Qui
se- des ad dexteram Patris, mi- se-re- re nobis.
Quo- ni-am tu solus Sanctus. Tu so-lus
Dominus. Tu so-lus Al- tis-simus, Je- su Christe.
Cum Sanc-to Spi-ri-tu, in glori- â De- i
Pa- tris. A- men.
Du 2.
Credo in u-num De-um, Patrem om-ni-po-
tentem, fac-torem cœ- li et ter-ræ, vi-si- bi- li-um
omni-um, et in-vi-si- bi-li-um. Et in unum
Dominum Jesum Christum, Fi-li-um De-i u-ni- ge-

nitum. Et ex Pa-tre na-tum, an- tè omni- a
se-cu-la. Deum de De-o, lumen de lu-mi-ne,
Deum verum de De- o ve- ro. Genitum non factum,
consubstanti- a- lem Pa- tri, per quem omni- a fac-ta
sunt. Qui propter nos homines, et propter nostram
sa-lu-tem, descendit de cœ-lis. Et in-carna- tus
est de Spi-ri-tu sancto, ex Ma-ri- â Virgi- ne :
ET HO- MO FAC-TUS EST. Cruci- fi- xus e- ti-am
pro nobis : sub Ponti- o Pi-la- to, passus et
se-pul-tus est. Et resur-re-xit ter-ti- â di- e

secundum Scripturas. Et ascendit in cœlum, se-det
ad dexteram Patris. Et i-terùm ven-turus est cum
glo-ri-â ju-di-ca-re vi-vos et mortu-os : Cu-jus
regni non e-rit fi-nis. Et in Spiritum Sanctum
Dominum, et vi-vi-fi-cantem; qui ex Pa-tre Fi-li-
oque proce-dit. Qui cum Pa-tre et Fi-li-o
si-mul a-do-ra-tur, et conglori-fi-ca-tur. Qui
lo-cu-tus est per Prophe-tas. Et Unam Sanc-tam,
Catho-licam, et Apos-to-licam Ec-cle-si-am. Con-fi-

te-or unum Baptisma in remis-si- o-nem pecca-
to-rum. Et ex- pec-to re- surrec-ti- onem mortu-
o-rum. Et vi-tam ven- tu- ri se-cu- li. A-
men.
Du 1.
Sanc- tus, Sanc- tus, Sanc-
tus, Do- mi-nus De- us Sa- baoth. Ple- ni
sunt cœ- li et ter- ra glo- ri- â
tu- â. Ho-san- na in ex- cel- sis. Be-
ne-dic- tus, qui ve- nit in no- mi-ne
Do- mi-ni. Ho- san- na in ex- cel- sis.

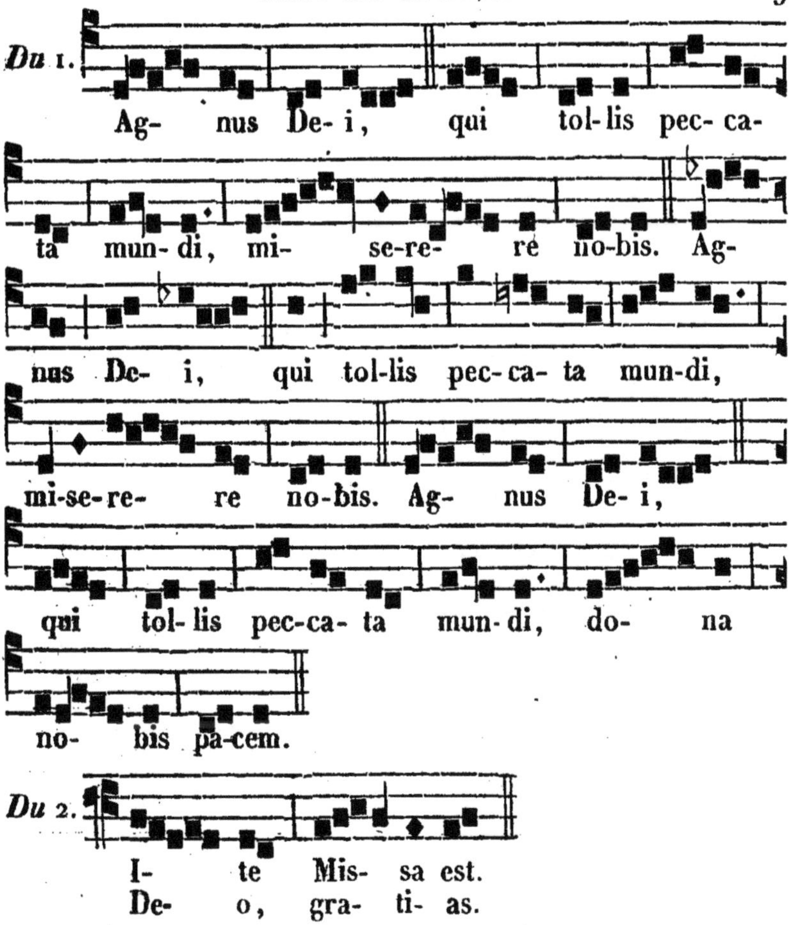

Du 1. Ag- nus De- i, qui tol-lis pec- ca- ta mun- di, mi- se-re- re no-bis. Ag- nus De- i, qui tol-lis pec- ca- ta mun-di, mi-se-re- re no-bis. Ag- nus De- i, qui tol- lis pec-ca- ta mun- di, do- na no- bis pa-cem.

Du 2. I- te Mis- sa est.
De- o, gra- ti- as.

POUR LES FÊTES SEMI-DOUBLES.

e e le- i- son. 2 *fois*. Ky- ri- e
e- le- i- son.
Gloria, *à la Messe précédente*, p. 34.
Du 4.
Credo in unum De-um, Patrem omni-po-tentem,
factorem cœ-li et terræ, vi-si-bi-li-um omni-um
et in-vi-si-bi-li-um. Et in unum Dominum Jesum
Christum, Fi-li-um De-i u-ni-ge nitum. Et ex Pa-tre
natum an-tè omni-a se-cu-la. Deum de De-o,
lumen de lu-mi-ne, Deum verum, de De-o ve-ro.
Genitum non factum, con-substan-ti-alem Patri, per
quem om-ni-a fac-ta sunt. Qui propter nos homines,

et propter nostram sa-lu-tem descendit de cœ-lis.
Et incar-natus est de Spi-ri-tu sancto, ex Ma-ri-â
Virgi-ne : Et Ho- mo fac-tus est. Cruci- fi-xus
e- ti-am pro no-bis : sub Ponti-o Pi-la-to : pas-sus
et se-pul-tus est. Et re-sur-re-xit ter-ti- â di- e,
secundum Scripturas. Et ascendit in cœlum, se-det
ad dexteram Patris. Et i-terum venturus est cum
glori- â ju-di-ca-re vivos et mortu-os. Cu-jus
regni non e-rit fi-nis. Et in Spiritum Sanctum
Dominum, et vi-vi-ficantem. Qui ex Patre Fi-li- oque

proce-dit. Qui cum Patre et Fi-li- o simul a-do-
ra-tur et conglo-ri- fi- catur. Qui lo-cu-tus est per
Prophetas. Et Unam Sanctam Catho-licam, et A-posto-licam Ec-clesi-am. Con-fi- te-or unum Baptisma,
in remis-si- onem pecca-torum. Et expecto re-surrecti-
onem mortu-orum. Et vitam ventu-ri se- cu-li.
A- men.
Du I.
Sanc- tus, Sanc- tus, Sanc-
tus Do-minus De- us Sa- baoth. Ple- ni
sunt cœ- li et ter- ra glo- ri- â tu- â.

Ho- san- na in ex- cel- sis. Be- ne-dic-

tus qui ve- nit in no-mi-ne Do-mi-ni.

Ho- san na in ex- cel- sis.

Du 1. Ag-nus De- i, qui tol-lis pecca-ta mundi,

mi-se-re- re no- bis. Agnus De- i, qui

tol-lis pec- ca- ta mundi, mi-se-re-re no- bis.

Agnus De- i, qui tol-lis pecca-ta mundi,

do-na no- bis pa- cem.

Du 1. I- te, Mis- sa est.

De- o gra- ti- as.

AUX MESSES DE LA SAINTE VIERGE,

QUI SE CHANTENT LES SAMEDIS PENDANT L'ANNÉE, ET A TOUTES LES MESSES VOTIVES DE LA SAINTE VIERGE.

magnam glo-ri-am tu-am. Domi-ne De-us, Rex cœ-les-
tis, De-us, Pa-ter om-ni-potens, Domi-ne, Fi-li
u- ni-ge-ni- te, Je- su Christe. Domi-ne De-us.
Ag-nus De- i, Fi-li- us Patris. Qui tol-lis pec-ca-ta
mundi, mi-se- re- re no-bis. Qui tol-lis pec-ca-ta
mundi, sus-ci-.pe depre-ca-ti- o- nem nostram. Qui
se-des ad dex-te-ram Pa-tris, mi-se-re- re no-bis.
Quoni-am tu so-lus Sanc-tus. Tu so- lus Dominus. Tu so-lus Al- tis- si-mus, Je-su Chris-te.

Cum Sancto Spi-ri-tu, in glori- â De-i Pa- tris.
A- men.
Du 8.
Sanc- tus, Sanc- tus, Sanctus
Dominus, De- us Sa- baoth. Ple-ni sunt cœ- li
et ter-ra glo- ri- â tu- â; Ho-san- na
in ex- cel- sis. Be-ne-dic- tus, qui ve- nit
in no-mi-ne Do-mi- ni. Ho-san- na in ex-
cel- sis.
Du 8.
Agnus De- i, qui tol-lis pec-ca- ta
mundi, mi-se-re- re no-bis. Ag- nus De-

POUR LES FÊTES SIMPLES ET LES FÉRIES DU TEMPS PASCAL, ET PENDANT L'ANNÉE.

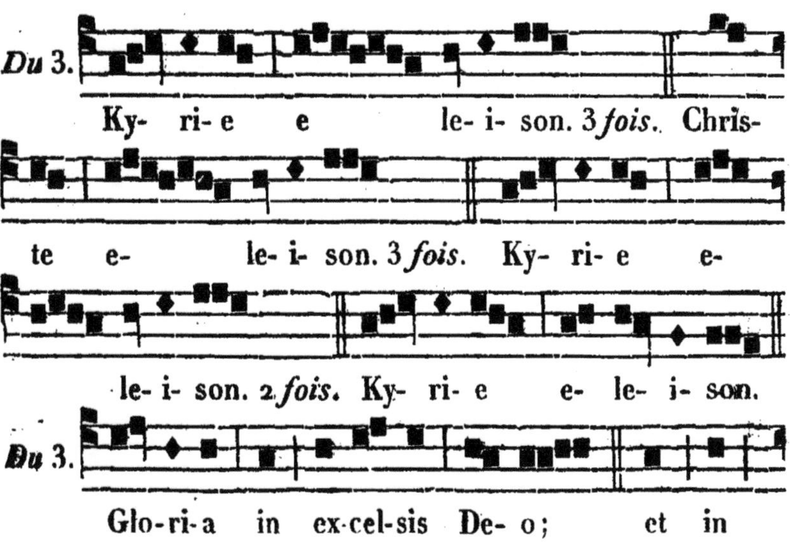

terrâ pax ho-mi-ni-bus bonæ volun-ta-tis.
Laudamus te. Be-ne-di-cimus te. A-do-ra-mus
te. Glori-fi-ca-mus te. Grati-as a-gimus ti-
bi, propter magnam glori-am tu-am. Domine De-us,
Rex cœles-tis, De-us, Pa-ter om-ni-potens. Do-mi-
ne, Fi-li u-ni-ge-ni-te, Je-su Christe. Domine
De-us, Agnus De-i, Fi-li-us Patris. Qui tol-lis
pec-ca-ta mundi, mi-se-re-re no-bis. Qui tol-lis
pec-ca-ta mundi, sus-ci-pe depreca-ti-onem
nostram. Qui se-des ad dexte-ram Patris, mi-se-re-re

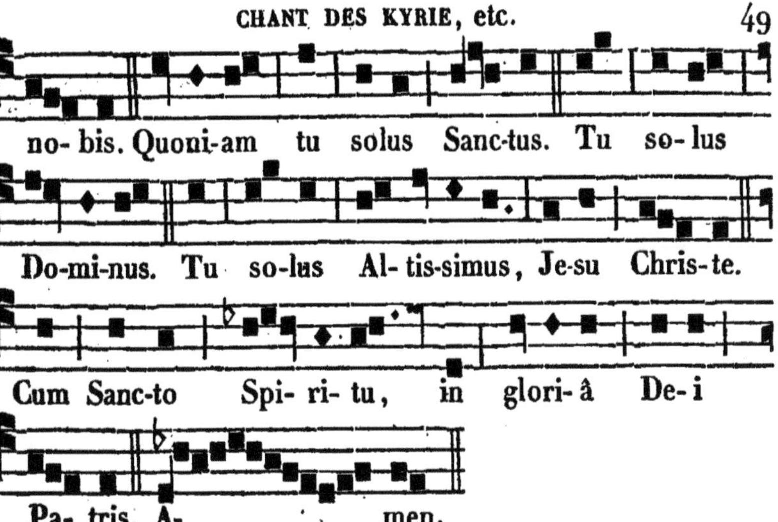

Sanctus *et* Agnus, *comme à la Messe des Fêtes semi-doubles.*

LE SAMEDI SAINT ET LA VEILLE DE LA PENTECOTE.

Du 4.
Gravement.

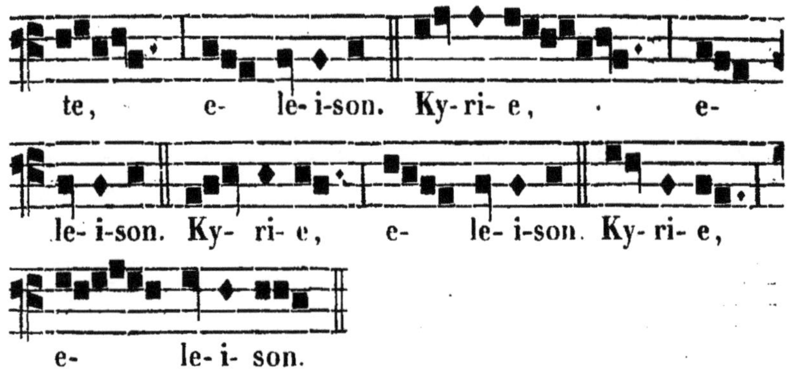

Le Samedi Saint, Gloria, Sanctus, *comme aux Fêtes solennelles.*

La veille de la Pentecôte, Gloria, Sanctus *et* Agnus, *comme aux Fêtes doubles-majeures.*

POUR LES FÉRIES DE L'AVENT, DU CARÊME ET DES QUATRE-TEMPS; LES MESSES DES ROGATIONS, DE LA STATION DE SAINT MARC, ET LES VIGILES DES FÊTES ANNUELLES ET SOLENNELLES.

De-us Sa-baoth. Ple- ni sunt cœ-li et ter-ra

glo-ri- â tu- â. Ho-san-na in ex-cel- sis. Bene-

dic-tus, qui ve-nit in no-mi-ne Do- mi-ni.

Ho-san- na in ex-cel- sis.

Du 6. C. Agnus De- i, qui tol-lis pecca-ta mundi,

mi-se-re-re no-bis. 2 *fois*. Agnus De- i, qui tol-lis

pecca-ta mundi, do-na nobis pa-cem.

Be-ne-di-ca-mus Domi-no. De-o

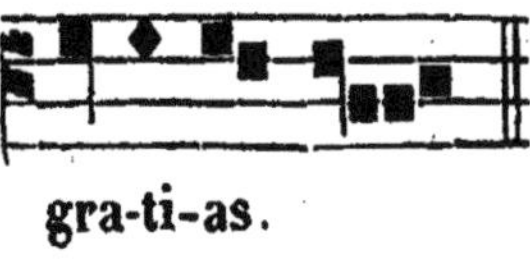

gra-ti-as.

RÉPONS DE LA PRÉFACE.

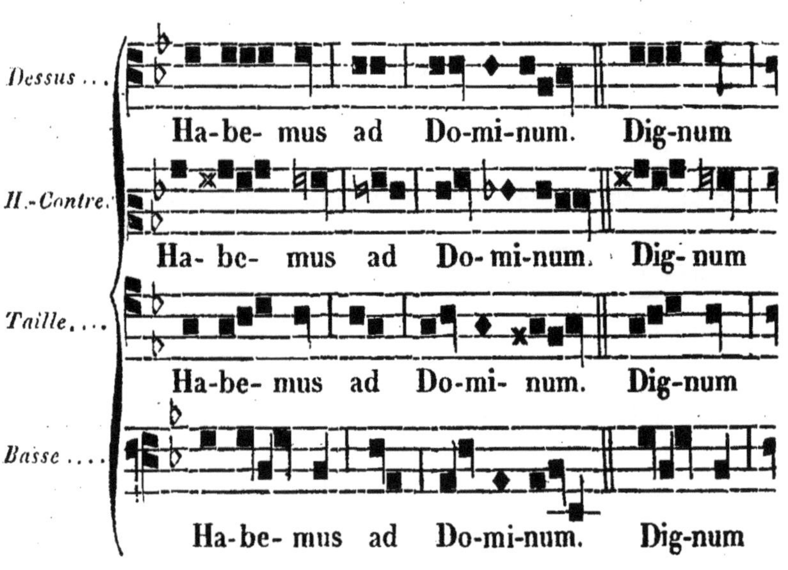

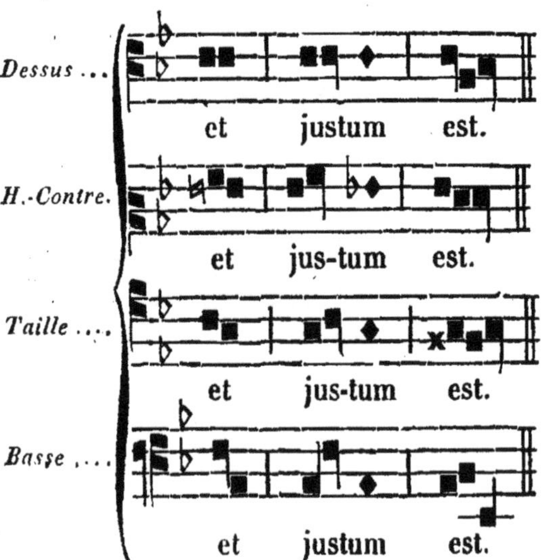

MOTETS AU SAINT SACREMENT,

QU'ON PEUT CHANTER A L'ÉLÉVATION ET AU SALUT.

Adoremus. *Du* 6.

Taille.
A-do-re- mus in æ- ter- num sanctis- si-
Basse..

Taille.
mum Sa-cra-men-tum. *Ch.* A-do-re- mus.
Basse..

Taille.
℣. Lauda-te Dominum, omnes gen- tes; lau-da-te
Basse..

Taille.
e- um, omnes po-pu- li. *Ch.* A-do-re- mus.
Bassc.

Taille.
Basse.
℣. Quoni-am confir-ma-ta est super nos mi-se-ri-
cor-di-a e- jus, et ve-ri-tas Domi-ni
ma- net in æ-ter-num. Ch. A-do-re-mus.
Glori-a Pa- tri, glo-ri-a Fi- li- o, glo-ri-a
Spi-ri- tu- i sancto. Ch. A-do-re-mus. Sicut e-rat
in princi-pi-o, et nunc, et sem-per, et in
se-cu-la se-cu-lo-rum. A-men. Ch. A-do-re-mus.

O SALUTARIS. *Du* 6.

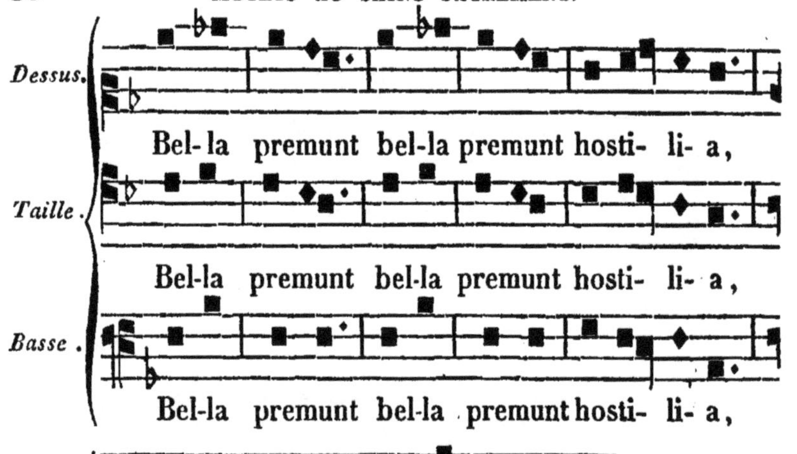

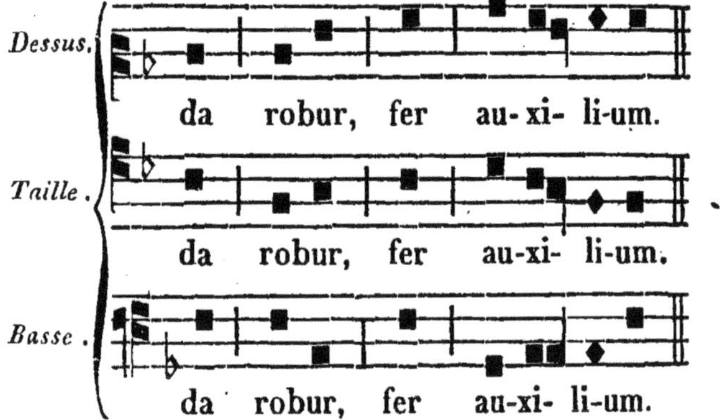

AUTRE O SALUTARIS. *Du* 2. A.

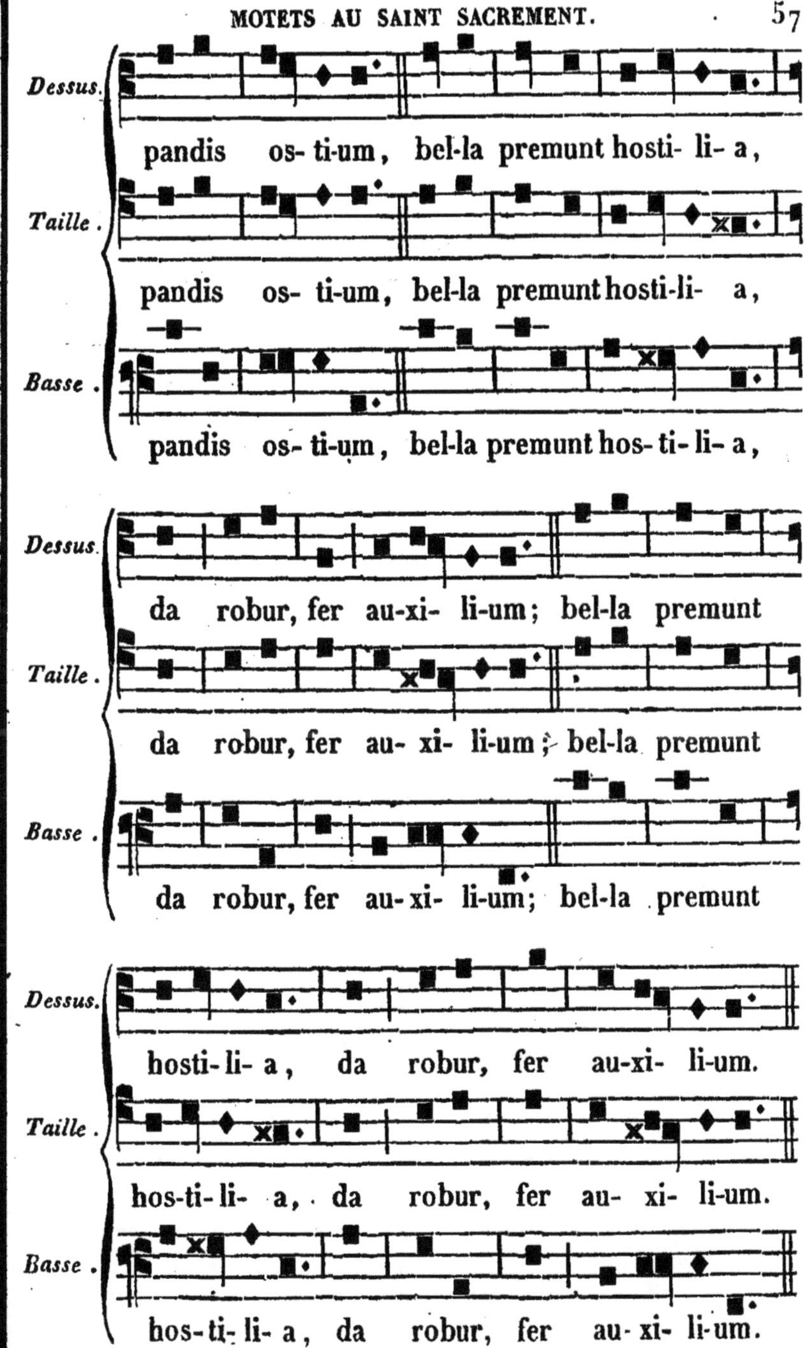
Dessus.
pandis os- ti-um, bel-la premunt hosti- li- a,
Taille.
pandis os- ti-um, bel-la premunt hosti-li- a,
Basse.
pandis os- ti-um, bel-la premunt hos- ti- li- a,
Dessus.
da robur, fer au-xi- li-um; bel-la premunt
Taille.
da robur, fer au- xi- li-um; bel-la premunt
Basse.
da robur, fer au-xi- li-um; bel-la premunt
Dessus.
hosti- li- a, da robur, fer au-xi- li-um.
Taille.
hos-ti- li- a, da robur, fer au- xi- li-um.
Basse.
hos- ti- li- a, da robur, fer au- xi- li-um.

AUTRE O SALUTARIS. *Du* I.

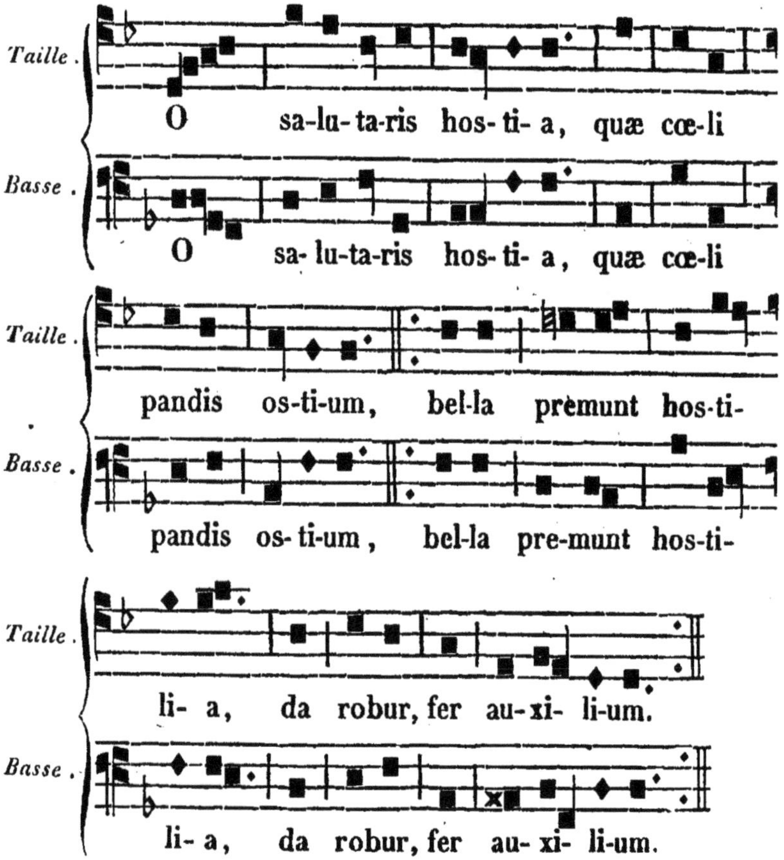
Taille.
O sa-lu-ta-ris hos-ti-a, quæ cœ-li
Basse.
O sa-lu-ta-ris hos-ti-a, quæ cœ-li
Taille.
pandis os-ti-um, bel-la premunt hos-ti-
Basse.
pandis os-ti-um, bel-la pre-munt hos-ti-
Taille.
li-a, da robur, fer au-xi-li-um.
Basse.
li-a, da robur, fer au-xi-li-um.

AUTRE O SALUTARIS. *Du* I.

Dessus.
O sa-lu-ta-ris hos-ti-a, quæ cœ-li
Basse.
O sa-lu-ta-ris hos-ti-a, quæ cœ-li

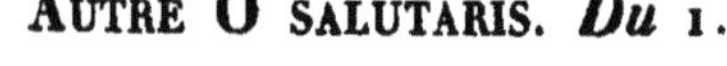

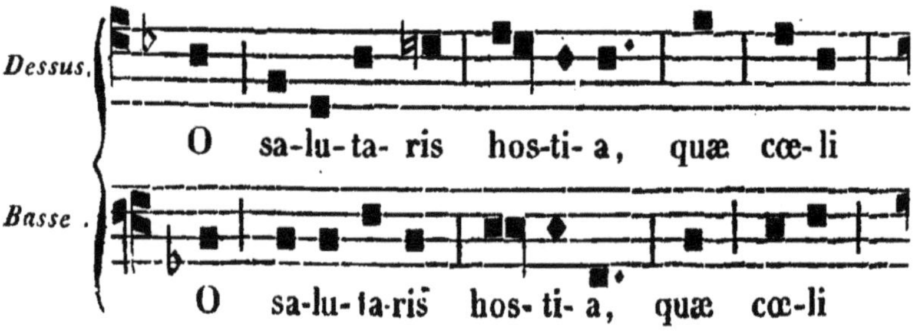

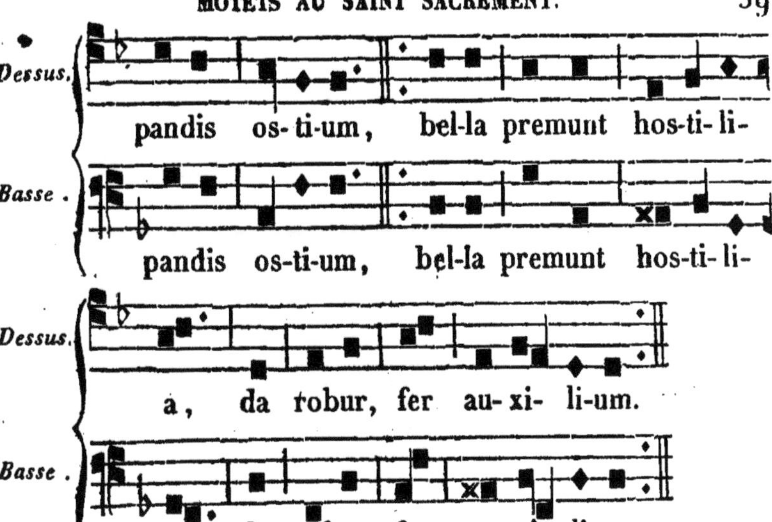

Adoro te supplex.

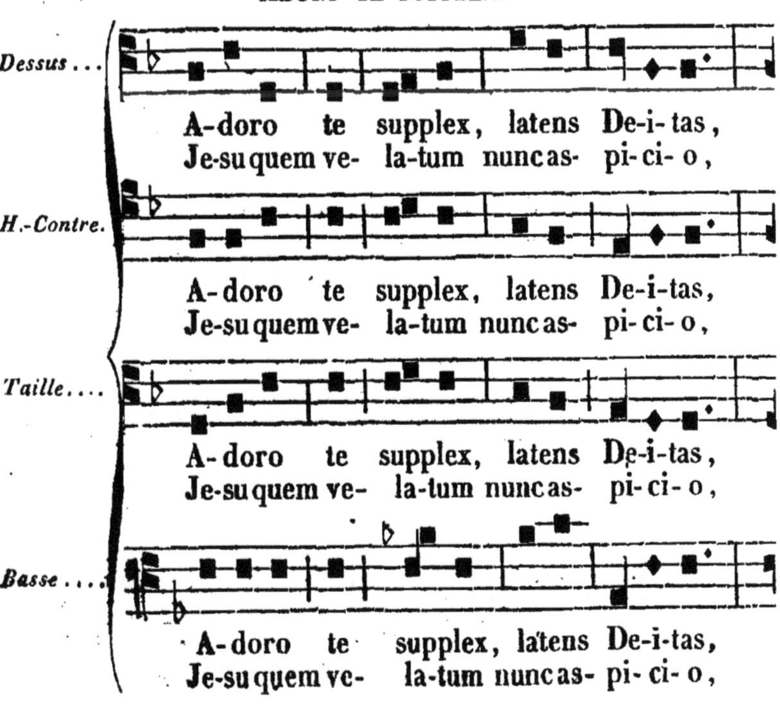

Dessus...
Quæ sub his fi- gu- ris ve-rè la- ti-tas :
O- ro fi- at is-tud quodtam si- ti- o ,
H.-Contre.
Quæ sub his fi- gu- ris ve-rè la-ti-tas :
O- ro fi- at is-tud quodtam si- ti- o,
Taille....
Quæ sub his fi- gu- ris ve-rè la- ti-tas ,
O- ro fi- at is- tud quodtam si-ti- o ,
Basse....
Quæ sub his fi- gu-ris ve-rè la- ti-tas :
O- ro fi- at is-tud quodtam si-ti- o ,
Dessus...
Ti-bi se cor meum totum subji-cit,
Ut te re- ve- la- tâ cernens fa- ci- e ,
H.-Contre.
Ti-bi se cor me-um totum subji-cit.
Ut te re- ve- la- tâ cernens fa- ci- e ,
Taille....
Ti-bi se cor me-um totum subji-cit,
Ut te re- ve- la- tâ cernens fa- ci- e,
Basse....
Ti-bi se cor me-um totum subji-cit,
Ut te re- ve- la- tâ cernens fa- ci- e ,

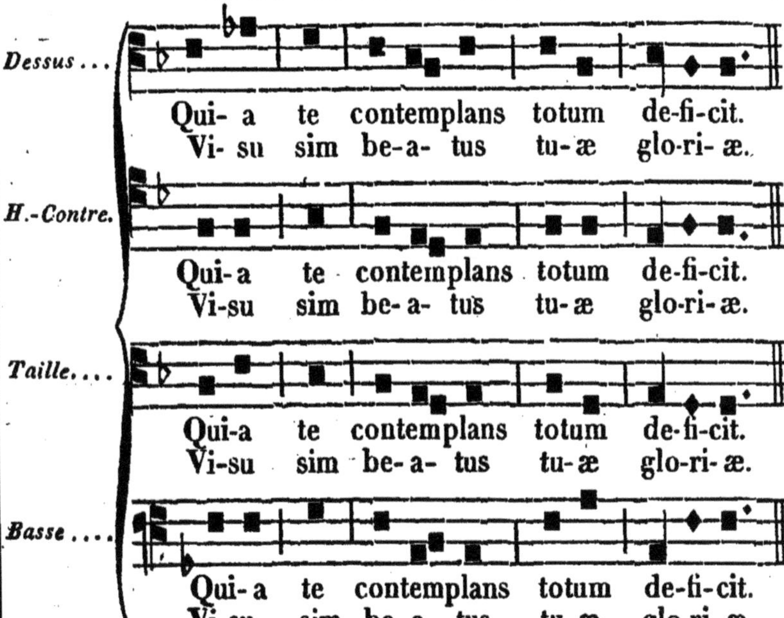
Dessus . . .
Qui- a te contemplans totum de-fi-cit.
Vi- su sim be-a- tus tu-æ glo-ri- æ.
H.-Contre.
Qui-a te contemplans totum de-fi-cit.
Vi-su sim be- a- tus tu- æ glo-ri- æ.
Taille. . . .
Qui-a te contemplans totum de-fi-cit.
Vi-su sim be- a- tus tu- æ glo-ri- æ.
Basse . . . .
Qui- a te contemplans totum de-fi-cit.
Vi-su sim be- a- tus tu- æ glo-ri- æ.

TANTUM ERGO.

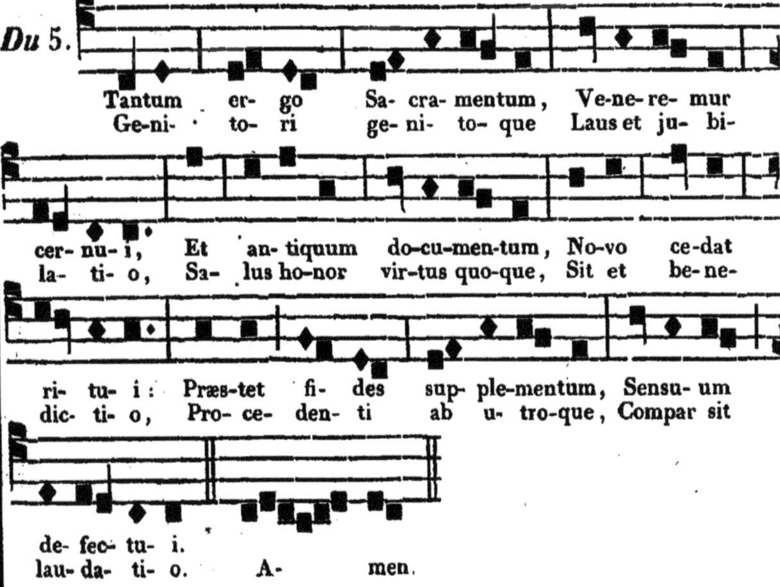
Du 5.
Tantum er- go Sa- cra- mentum, Ve-ne- re- mur
Ge-ni- to- ri ge- ni- to- que Laus et ju- bi-
cer- nu- i, Et an- tiquum do-cu-men-tum, No-vo ce-dat
la- ti- o, Sa- lus ho-nor vir-tus quo-que, Sit et be-ne-
ri- tu- i : Præs-tet fi- des sup- ple-mentum, Sensu- um
dic- ti- o, Pro- ce- den- ti ab u- tro-que, Compar sit
de- fec- tu- i.
lau- da- ti- o. A- men.

AUX MESSES DES MORTS.

A L'ÉLÉVATION.

N. B. On peut chanter la *Taille* de ce Motet, sans les autres parties.

MOTETS A LA SAINTE VIERGE.

MEMORARE.

Le Chœur reprend Sed à periculis.

FIN.

www.ingramcontent.com/pod-product-compliance
Ingram Content Group UK Ltd.
Pitfield, Milton Keynes, MK11 3LW, UK
UKHW022108260726
13993UKWH00001B/386

9 782329 321011